LES PETITS LIVRES DE LA SAGESSE

Yi-King

Le Livre des Changements

*Texte intégral traduit du chinois
par Thomas Cleary*

Traduit de l'anglais par Gérard Edde
et Laurence E. Fritsch

La Table Ronde
7, rue Corneille, Paris 6ᵉ

Publié avec l'accord de Shambhala Publications, Inc.

© Thomas Cleary, 1992.
© Éditions de La Table Ronde, Paris, 1995,
pour la traduction française.
ISBN : 2-7103-0674-3.

Préface du traducteur

Thomas Cleary est un homme très occupé : dans les quinze dernières années il a traduit du chinois en langue anglaise les grands traités de philosophie spirituelle de l'Asie, publiant ainsi plus de cinquante volumes.

La caractéristique principale de ses traductions est certainement la « rudesse » de son langage. Il se défend de « réinventer » les textes classiques en fuyant les paraphrases et en évitant, par souci d'authenticité, de donner artificiellement un aspect esthétique aux œuvres traduites. En tant que traducteur, il se définit comme « résolument littéral ».

Cette orientation directe donne à ce Yi-King toute sa valeur : une traduction à la fois complète, exacte, précise et fulgurante comme un coup de tonnerre ; que j'ai tenté de retraduire de l'américain de la façon la plus fidèle et la plus transparente possible.

Une autre surprise de taille attend le lecteur : la manière de prendre conseil auprès de ce grand classique délaisse les baguettes, pièces et autres ustensiles pour une élaboration plus profonde et directe de l'hexagramme. Celui-ci est en effet déterminé selon les significations clés des huit trigrammes de base. Cette méthode éminemment traditionnelle est aussi connue sous le nom de « *formule du ciel postérieur* », elle fut en particulier propagée au XIe siècle par le philosophe néo-confucéen Shao Yung. Dans cette façon de consulter le Yi-King, les deux trigrammes employés pour former l'hexagramme de lecture procèdent directement de la situation étudiée.

Enfin, la richesse des notes de Cleary donne un nouvel éclairage à certaines expressions symboliques puisées aux sources du taoïsme ancien et de l'alchimie spirituelle, délaissant les interprétations subjectives. C'est pourquoi nous avons réintégré ces notes explicites dans le corps du texte.

GÉRARD EDDE.

Sommaire

Introduction *11*
   Consulter « Le Livre des Changements » *12*
   Le Livre des Changements. Consultations *17*
   Tableau de consultation *18*

Yi-King. – Le Livre des Changements . . .   *21*
  1. Le créateur *23*
  2. Le réceptif *26*
  3. La difficulté *29*
  4. L'innocence *31*
  5. L'attente *33*
  6. La discorde *35*
  7. Une armée *38*
  8. L'accord *40*
  9. Nourrir le petit *42*
10. Marcher *44*
11. La tranquillité *46*
12. L'obstruction *49*
13. La communion avec le peuple *51*
14. La grande possession *54*
15. L'humilité *56*

16. Le bonheur. 58
17. Suivre 60
18. L'interruption 63
19. Surveiller 64
20. Observer. 65
21. Mordre à travers 68
22. Se parer. 70
23. Se déshabiller. 72
24. Le retour 74
25. La fidélité 76
26. La grande construction 78
27. La nutrition 80
28. La prédominance du grand. 82
29. Les pièges constants 84
30. Le feu 86
31. La sensibilité 88
32. La persistance 91
33. Le retrait. 94
34. Le pouvoir de la grandeur 96
35. Avancer. 98
36. La blessure de l'illuminé 101
37. Les personnes à la maison. 103
38. L'opposition. 105
39. L'arrêt. 107
40. La solution. 110
41. La diminution 112

42. L'augmentation 115

43. Être résolu 118

44. La réunion 120

45. Le rassemblement 122

46. L'élévation 124

47. L'épuisement 126

48. Le puits................................. 129

49. Le changement 131

50. Le chaudron............................. 133

51. Le tonnerre 136

52. Les montagnes........................... 139

53. Le progrès graduel 141

54. Une jeune femme se marie 143

55. L'abondance............................. 145

56. Le voyage................................ 148

57. La conformité 150

58. Le contentement 152

59. La dispersion 154

60. La législation 155

61. L'authenticité au milieu 157

62. La prédominance du petit 159

63. Déjà accompli 162

64. L'inachevé 165

Liste des hexagrammes........................ 167

Tableau de consultation...................... 173

Introduction

L E *Livre des Changements* est le plus antique et le plus profond des classiques chinois, vénéré depuis deux millénaires comme un oracle de richesse, un guide vers le succès, et un réservoir de sagesse. Ancêtre de toute philosophie chinoise, il est la source fondamentale du mysticisme pragmatique du *Tao Te King*, de l'humanisme rationnel de Confucius, et de la stratégie analytique de l'*Art de la Guerre* de Sun Tzu.

Le *Livre des Changements* fut composé à l'origine il y a plus de trois mille ans par un roi et son fils sous la tutelle d'un sage taoïste. Six siècles plus tard, le livre fut analysé et annoté par Confucius, grand érudit et éducateur. Le résultat de ce travail fut le traité classique dans sa forme actuelle, une somme de conseils sur les causes cachées derrière l'émergence et la chute des royaumes et des carrières.

La fonction la plus ancienne de l'essence des symboles du *Livre des Changements* est considérée traditionnellement comme un système de notations, un outil pour regrouper les associations et définir symboliquement les relations. Ce système a évolué vers un langage de logique décrivant le cours des actions et des événements.

Les sources traditionnelles du *Livre des Changements* sont à rechercher aux origines mêmes de l'écriture, dans leur tentative de représenter les phénomènes et événements par des symboles écrits. Les structures du *Livre des Changements* représentent des modèles dynamiques de relations causales ; la conception globale du livre constitue un langage symbolique générant des descriptions de relations évoluant dans le temps.

La version originale du *Livre des Changements* aurait été inscrite sur des bandes de bambou ou de bois, arrangées pour la consultation de façon très différente de celle d'un livre moderne tant dans la forme que dans la structure. L'ordre interne était maintenu par les rapports entre les symboles principaux, qui par la vertu de leur complexité permettent la coexistence de plusieurs systèmes différents de relation mutuelle avec l'ordre interne du cœur du *Livre des Changements*.

Consulter « Le Livre des Changements »

Une méthode commode de consultation du livre est donnée dans une ancienne annexe attribuée à Confucius, selon les directives suivantes :

Le changement a une limite absolue;
Cela produit deux modes;
Les deux modes produisent quatre formes;
Les quatre formes produisent huit trigrammes;
Les huit trigrammes déterminent la richesse et l'infortune.

Cette formule résume la base de la structure du *Livre des Changements*, d'où dérive la méthode la plus simple pour tirer un conseil spécifique de ce livre.

1. La «limite absolue» se réfère à la quiétude mentale. La première étape pour la consultation du *Livre des Changements* consiste à calmer l'esprit.

2. Les «deux modes» sont yin et yang. Ces termes abstraits représentent flexibilité et fermeté, faiblesse et force, tranquillité et mouvement, passivité et activité, tristesse et bonheur, dépression et exaltation.

L'identification des facteurs yin et yang et des qualités d'une personne ou d'une situation aide le lecteur à comprendre et à appliquer les formulations des composants yin/yang de chaque signe du *Livre des Changements*.

Notez que yin et yang ne symbolisent pas la féminité et la masculinité dans *Le Livre des Changements*. Dans la symbolique de ce système, une femme représente le yin et un homme représente le yang, mais ceci n'est pas valable dans l'autre sens.

Un symbole féminin ne représente pas par conséquent le sexe féminin, et un symbole masculin ne représente pas le sexe masculin ; yin ne représente pas les femmes et yang ne représente pas les hommes. Yin et yang sont des compléments universels qui interviennent pour toutes les personnes et tous les événements.

Il est aussi important de noter que yin et yang ne symbolisent pas le bien et le mal. Yin et yang peuvent être l'un ou l'autre bon ou mauvais, selon la fonction de leur qualité dans une situation donnée.

3. Les « quatre formes » sont appelées yin et yang majeur ou mineur. Le mode yin est subdivisé en yin majeur et yang mineur, ou la culmination du yin et le commencement du yang. Le mode yang est subdivisé en yang majeur et yin mineur, ou la culmination du yang et le commencement du yin.

La signification de ces subdivisions est dans l'exposition du principe que les modes yin et yang ne sont pas statiques, mais s'inscrivent dans un processus montant ou déclinant.

4. Les « huit trigrammes » produits par les quatre formes de yin et yang complètent la fondation du livre, et permettent finalement la manipulation des symboles du livre pour une consultation immédiate :

Trigrammes du yang majeur : CIEL et LAC.
Trigrammes du yin mineur : TONNERRE et FEU.
Trigrammes du yin majeur : TERRE et MONTAGNE.
Trigrammes du yang mineur : EAU et VENT.

Les permutations de ces huit symboles forment le cœur des soixante-quatre chapitres du *Livre des Changements*. En conséquence, la consultation est soutenue par la juxtaposition de leurs valeurs symboliques :

Le CIEL représente la *force* ou la *créativité*.
Le LAC représente la *joie* ou l'*attraction*.
Le TONNERRE représente l'*initiative* ou l'*action*.
Le FEU représente l'*attention* ou l'*éveil*.
La TERRE représente la *réceptivité* ou la *docilité*.
La MONTAGNE représente l'*arrêt* ou le *calme*.
L'EAU représente la *passion* ou le *danger*.
Le VENT représente la *pénétration* ou le *suivi*.

La consultation s'effectue en choisissant une paire de symboles représentant les qualités pertinentes de la situation en considération. Ceux-ci peuvent exprimer les facettes de la personnalité et du caractère d'un individu ou de groupes, ou les forces dominantes dans la structure d'un événement, d'une activité, ou d'un projet.

Chaque paire de symboles produit deux hexagrammes (ou un seul, dans lequel le même symbole est obtenu deux fois). Ceux-ci forment le texte de la consultation, lue de la manière décrite ci-après. Veuillez vous référer au tableau placé à la fin de cette introduction pour les combinaisons de trigrammes, les hexagrammes qu'ils produisent, et les exemples de relations et situations typiques qu'ils peuvent servir à représenter.

Une fois les hexagrammes choisis, leur utilisation spécifique appliquée aux centres d'intérêt est une affaire personnelle, il est de la nature du *Livre des Changements* de varier dans sa signification selon nombre de facteurs individuels, y compris l'humeur et la personnalité du lecteur. D'ailleurs, pour rehausser la perspective d'une lecture donnée, chaque hexagramme peut aussi être couplé avec deux autres, une corrélation primaire et un complément structurel. (Dans certains cas la corrélation primaire et le complément structurel sont identiques.) Référez-vous à la fin de l'ouvrage pour une liste des hexagrammes avec leurs corrélations et leurs compléments.

En outre, dans la pratique proprement dite, en outre, les interprètes du livre l'ont toujours traditionnellement lu comme un système complet et ont élaboré leur explication sous l'éclairage de l'esprit de la philosophie globale. C'est la totale intégrité et cohésion du

livre qui sous-tend son efficacité ; il est donc traditionnellement recommandé de lire le livre intégralement
pour optimiser ses avantages.

Le Livre des Changements

CONSULTATIONS

Le premier événement d'une consultation indivi-
duelle est le titre de l'hexagramme, qui suggère un
certain thème, consistant en un élément ou aspect
archétypal de la vie humaine. Celui-ci est suivi par
une formulation sommaire de philosophie pragmatique relative à ce thème.

Le point suivant de la consultation est le « jugement
global », analyse de Confucius du thème et de la formulation, élaborant les rapports des éléments repré-
sentés par les trigrammes. Celui-ci est suivi par un
aphorisme, attribué lui aussi à Confucius, basé sur
l'image de l'hexagramme considéré comme une paire
de trigrammes spécifiques.

Le thème, la formulation, le jugement global et
l'aphorisme imagé forment le cœur abstrait de chaque
chapitre et sont les différentes parties lues lorsque le
classique est consulté dans un but de culture générale

TRIGRAMMES HAUT ▲ / BAS ▼	Ciel	Lac	Tonnerre	Feu	Terre	Montagne	Eau	Vent
Ciel	1	43	34	14	11	26	5	9
Lac	10	58	54	38	19	41	60	61
Tonnerre	25	17	51	21	24	27	3	42
Feu	13	49	55	30	36	22	63	37
Terre	12	45	16	35	2	23	8	20
Montagne	33	31	62	56	15	52	39	53
Eau	6	47	40	64	7	4	29	59
Vent	44	28	32	50	46	18	48	57

ou étudié à loisir pendant le cours ordinaire de l'existence.

Les commentaires qui suivent, sur chaque composant[1], traitent des manières spécifiques de s'autogérer dans des situations relatives de forces et faiblesses, sont aussi lus lorsque la consultation traite de changements inattendus ou imprévisibles. Comme conséquence de leur cadre de référence, la pertinence des composants peut concerner le passé, le futur, ou tout autre facteur extérieur au présent immédiat.

La référence à la corrélation primaire et au complément structurel de l'hexagramme en question élargit la perspective et ajoute profondeur et espace à la réflexion engendrée par la lecture.

Clé

CIEL : *force/créativité.* \Kraft, Macht, Gewalt) Kreativität

LAC : *joie/ attraction.* Freude | Attraktion

TONNERRE : *initiative/ action.* Initiative / Aktion

FEU : *attention/ éveil.* Aufmerksamkeit / Wecken, Warnung, Wink

MONDE : *réceptivité/docilité.* Aufnahmefähigkeit / Folgsamkeit, Gelehrigkeit

MONTAGNE : *arrêt/calme.* Stillstehen / Ruhe, Gemütsruhe

EAU : *passion/ danger.* Leidenschaft | Gefahr

VENT : *pénétrant/ suivi.* scharfer Blick / fortsetzen

---

1. Les « traits » des hexagrammes *(N.d.T.).*

Exemples

1. Une relation entre quelqu'un de très intelligent et quelqu'un de très adaptable peut être représentée par la combinaison du feu et du vent. Le feu au-dessus du vent donne l'hexagramme 50, LE CHAUDRON. Le vent au-dessus du feu donne l'hexagramme 37, LES PERSONNES DANS LA MAISON.

2. Une situation dans laquelle une partie est prête à s'investir passionnément dans un projet, pendant qu'une autre partie est hésitante et inhibée, peut être représentée par une combinaison du tonnerre et de la montagne. Le tonnerre au-dessus de la montagne donne le nombre 62, LA PRÉDOMINANCE DU PETIT. La montagne au-dessus du tonnerre donne le nombre 27, LA NUTRITION.

3. Si vous avez tendance à être gai, mais que vous vous trouvez dans des circonstances périlleuses, cela peut être représenté par le lac et l'eau. Le lac au-dessus de l'eau donne le nombre 47, L'ÉPUISEMENT. Le lac au-dessous de l'eau donne le nombre 60, LA LÉGISLATION.

Yi-King

Le Livre des Changements

≡≡≡ I. **Le créateur**
Le grand succès profite à la droiture et la vérité.

Vaste est, en effet, l'étendue de la grandeur du support créatif. Toutes les choses et tous les êtres l'ont pour origine, il résume donc la globalité de la Nature.

Comme les nuages apportent la pluie en progressant, les choses et les êtres s'étendent en prenant forme. Quand vous avez une compréhension totale de leurs processus, comment ils commencent et finissent, quand les six étapes ont été accomplies de manière opportune, alors vous chevauchez les six dragons pour diriger la Nature.

Des développements évolutifs de la Voie du Créateur, chacun soutient la vie essentielle et garde intacte l'harmonie globale. C'est ce qui avantage la droiture et l'authenticité. Quand il émerge pour conduire les gens, tous les pays sont en paix.

L'action de la Nature est puissante ; les personnes cultivées l'utilisent pour se fortifier sans cesse.

COMPOSANTS

1. *yang*. N'utilisez pas le dragon caché. *Image*. N'utilisez pas le dragon caché lorsque l'énergie positive est basse.

2. *yang*. Lorsque vous apercevez le dragon dans un champ, cela vaut la peine de voir de grands hommes. *Image*. Apercevoir le dragon dans un champ signifie que l'utilisation de votre nature, qualités et pouvoirs intérieurs affecte tout ce que vous faites.

3. *yang*. Si les personnes cultivées travaillent avec diligence toute la journée et sont sérieuses durant la nuit, alors elles ne chemineront pas dans des situations dangereuses. *Image*. Travailler avec diligence signifie avancer encore et encore sur la Voie.

4. *yang*. On peut parfois plonger sans faute dans l'abîme. *Image*. On peut parfois plonger profondément même s'il n'y a pas eu d'erreurs dans le processus de développement.

5. *yang*. Quand les dragons volants envahissent le ciel, il est profitable de voir de grands hommes. *Image*. Quand les dragons volants envahissent le ciel,

c'est le moment où les grands hommes travaillent avec inspiration.

6. *yang.* Les dragons qui volent trop haut ont des regrets. *Image.* Les dragons volant trop haut ont des regrets : cela signifie que la plénitude ne peut durer à jamais.

Utiliser le yang. Quand vous voyez un groupe de dragons sans tête, c'est fortuné. *Image.* Dans l'utilisation du *yang*, les qualités célestes ne peuvent pas délibérément être mises au premier rang.

I. LE CRÉATEUR
Jugement global
Les « Nuages et pluie » symbolisent la fécondité.

« Six étapes »/ « six dragons » se rapportent aux six traits (ou composants) du symbole trigrammatique.

Le « Dragon » symbolise l'énergie et le pouvoir.
Composants
Les six traits du Créateur sont les modèles pour le processus d'alchimie spirituelle connu sous le terme de « nourrir le feu yang », impliquant le développement de l'énergie. Le processus général illustré par les six dragons peut se rapporter à toutes sortes d'entreprises ou d'actions, bien qu'il ait une signification spéciale interne dans le processus de développement et de purification de la conscience dans l'alchimie spirituelle. Voyez *The Book of Balance and Harmony* (Berkeley, Californie : North Point Press, 1989), « The firing process », p. 104-105.

2. Le réceptif

Le grand succès est bénéfique à la jument chaste. Les personnes cultivées savent où aller ; si elles sont d'abord perdues, il est de leur intérêt de trouver un maître plus tard. Avec des compagnons yin et sans compagnons yang, il y a la paix ; il est de bon augure d'être ferme et authentique.

JUGEMENT GLOBAL

Parfaite est en effet la grandeur de la terre réceptive, qui soutient la naissance de tous les êtres et s'accorde avec ce qu'elle reçoit du ciel.

La richesse de la terre supporte les êtres, sa vertu est une avec le « sans limites », elle contient en elle la vaste gloire et la magnificence, à travers elle toutes les choses et les êtres existent avec bonheur.

La jument est semblable à la terre, voyageant sans attache de par le monde, douce et docile, serviable et fidèle. Les personnes cultivées savent où aller : au début, elles sont perdues et se sont éloignées de la Voie, ensuite elles la suivent et atteignent l'éternité.

Avoir des compagnons yin, c'est aller avec des pairs ; ne pas avoir de compagnons yang signifie finalement la joie. Le bon présage de stabilité et de fermeté correspond à l'infini de la terre.

IMAGE

L'attitude de la terre est réceptive. Les personnes cultivées aident les autres en enrichissant leur caractère.

COMPOSANTS

1. *yin*. Marchant sur le gel, vous arrivez sur la glace solide. *Image*. Marcher sur le gel et la glace solide représente la coagulation initiale du yin. Suivez cette trajectoire tout le long de la Voie, et vous arriverez sur la glace solide.

2. *yin*. Être honnête, droit, et magnanime aidera toute chose, même sans entraînement. *Image*. L'action du yin équilibré est l'honnêteté et la droiture. Assistant tout, même sans entraînement, parce que le Chemin de la terre est éclairé.

3. *yin*. Cachez vos parures ; il est bon d'être chaste. Si vous travaillez au gouvernement, vous ne faites pas n'importe quoi, mais vous laissez les choses se faire. *Image*. Dissimuler ses parures et le fait d'être chaste signifie agir au moment opportun. Si vous travaillez au service des affaires du gouvernement, votre connaissance est éclairée et étendue.

4. *yin*. Fermez le sac, et il n'y a ni blâme ni éloge. *Image*. Fermer ainsi le sac en évitant le blâme c'est être vigilant pour éviter le mal.

5. *yin*. Un vêtement jaune est très auspicieux. *Image*. Dire qu'un vêtement jaune est très auspicieux, cela signifie que l'éducation est équilibrée.

6. *yin*. Quand les dragons se battent dans les champs, leur sang est jaune foncé. *Image*. Les dragons se battant dans les champs indiquent que la Voie est arrivée à son terme.

Utiliser le yin. Il est bénéfique de toujours être ferme et authentique. *Image*. Lorsque vous utilisez le yin, soyez toujours ferme et authentique pour arriver à une grande conclusion.

2. LE RÉCEPTIF

« Chaste » signifie : restreint, ferme, authentique.

« Jument » symbolise : gentillesse, force docile, puissance du yin.

Composants

Les six lignes de l'hexagramme « Le Réceptif » sont des exemples du processus de contrôle de l'énergie pour accomplir la puissance adaptable sous contrôle. Voyez le livre *The Book of Balance and Harmony*, « The firing process », p. 104-105

5. *yin* : « jaune » symbolise le milieu, le centre, l'équilibre.

6. *yin* : « la bataille dans les champs » signifie « conquérir les démons intérieurs ». « Leur sang est jaune sombre » signifie que l'équilibre est perturbé.

3. La difficulté

Le grand succès est salutaire pour l'honnête.
Ne vous attachez pas délibérément à un objectif spécifique. Il est utile d'établir des dirigeants locaux.

JUGEMENT GLOBAL

Dans la difficulté, fermeté et flexibilité commencent à réagir réciproquement, et les problèmes apparaissent. Agir correctement au milieu de détroits dangereux, le grand succès vient par l'honnête et l'authentique. Tandis que le tonnerre et la pluie emplissent le corps, la Nature crée la confusion et l'obscurité. Il est utile d'établir des dirigeants locaux, mais ce n'est pas paisible.

IMAGE

Les nuages et le tonnerre forment la difficulté ; ainsi, les personnes cultivées examinent les raisonnements.

COMPOSANTS

1. *yang*. Quand vous êtes hésitant et n'allez nulle part, il est profitable de rester droit. Il est utile d'établir des dirigeants locaux. *Image*. Même si vous n'allez nulle part, vos intentions et actions doivent être cor-

rectes. On captive de nombreuses personnes en adoptant l'humilité.

2. *yin*. Arrêté, n'allant nulle part, monté sur un cheval mais immobilisé, ne soyez pas hostile, mais formez une association. Une fille est chaste ; elle n'est pas fiancée. Après dix années, elle se fiance. *Image*. Ce qui est difficile à effectuer pour le faible et le docile, c'est de chevaucher ici sur le puissant et l'indomptable. Devenir fiancé au bout de dix années signifie revenir à la normalité.

3. *yin*. Chassez le cerf sans un guide, et vous irez simplement en forêt. Les personnes cultivées sentent qu'il est préférable d'abandonner et qu'il serait regrettable d'avancer. *Image*. Chasser le cerf sans un guide signifie suivre les animaux sauvages. Les personnes cultivées abandonnent, car continuer apporterait le regret, car cela serait infructueux.

4. *yin*. Monté à cheval, mais cependant immobile, si vous cherchez à vous associer cela vous fera avancer ; il n'y a pas de désavantage. *Image*. Il est judicieux de chercher.

5. *yang*. Lorsque les bienfaits s'arrêtent, un peu de fermeté est auspicieux, beaucoup de fermeté est infortuné. *Image*. L'arrêt des bienfaits signifie que l'intention de donner n'est pas étendue à une grande échelle.

6. *yin.* Monté à cheval, mais immobile, vous pleurez des larmes de sang. *Image.* Vous pleurez larmes de sang, pour quoi qui puisse durer ?

☳ 4. L'innocence

L'innocence rencontre le succès. Bien que vous ne cherchiez pas vous-même l'innocent, l'innocent vous cherche. Le premier augure informe, le deuxième et le troisième apportent la confusion. Ce qui embrouille l'esprit n'est pas instructif. Il est avantageux d'être correct.

JUGEMENT GLOBAL

Dans l'innocence, il y a danger sous la montagne. S'arrêter devant le danger, c'est l'innocence. L'innocence se manifeste par l'action fructueuse exécutée au moment opportun. Bien que vous ne recherchiez pas l'innocent, l'innocent vous cherche, parce que vos aspirations correspondent. Le premier augure informe, parce qu'il vise fermement la cible. Le deuxième et le troisième apportent la confusion, et ce qui embrouille l'esprit n'est pas instructif, parce qu'il trouble l'innocence. Prendre avantage de l'innocence pour nourrir l'honnêteté est le travail des sages.

Une source émergeant d'une montagne représente l'innocence. Les personnes cultivées nourrissent leur caractère par l'action fructueuse.

COMPOSANTS

1. *yin*. Il est avantageux d'utiliser les châtiments pour éveiller l'ignorant ; il est regrettable de continuer sans restrictions. *Image*. Il est avantageux d'utiliser les châtiments, si cela est effectué à travers des règles justes.

2. *yang*. Il est propice d'embrasser l'innocent. Il est propice de prendre femme. La progéniture prend la tête de la famille. *Image*. La progéniture prenant la tête de la famille représente la réunion de la fermeté et de la flexibilité.

3. *yin*. N'amenez pas une fille voir un homme riche, car si elle n'est pas maîtresse d'elle il n'y a pas d'avantage. *Image*. Ne prenez pas un partenaire qui est incompatible.

4. *yin*. Il est regrettable d'être contrecarré par ignorance. *Image*. La honte d'être contrecarré par l'ignorance vous a éloigné de la réalité.

5. *yin*. L'innocence est auspicieuse. *Image*. Ce qui est auspicieux au sujet de l'innocence, c'est la douce harmonie.

6. *yang.* Ignorance agressive, il n'est pas salutaire d'être un brigand, il est bénéfique de détourner les brigands. *Image.* Il est avantageux de détourner délibérément les brigands; les supérieurs et les inférieurs approuvent.

5. L'attente

Quand l'attente est authentique, c'est un succès retentissant; soyez fermement authentique, et vous serez fortuné. Il est avantageux de traverser de grandes rivières.

JUGEMENT GLOBAL

L'attente est nécessaire; lorsque le danger se développe en amont. Quand la force est robuste et sans obstacle, sa justice n'est pas contrecarrée et son devoir est libre de frustration. Quand l'attente est authentique, c'est un succès retentissant; soyez fermement authentique, et vous serez fortuné; cela signifie que vous prendrez votre place dans l'ordre de Nature par la voie de la juste harmonie. Il est avantageux de traverser de grandes rivières signifie que l'action progressive mènera à quelque chose.

IMAGE

Des nuages s'élèvent dans le ciel, attente ; ainsi, les personnes cultivées se détendent et apprécient la nourriture et la boisson.

COMPOSANTS

1. *yang*. Attendre aux frontières, cela vaut la peine d'essayer d'être constant, ainsi vous pourrez être sans reproche. *Image*. Attendre aux frontières signifie ne pas s'engager dans les difficultés et les activités problématiques. Cela vaut la peine d'essayer d'être constant, ainsi vous pourrez être sans reproche ; cela suppose que vous n'êtes pas déjà devenu anormal.

2. *yang*. Attendre sur le sable est un peu critiquable, mais il y a une bonne issue. *Image*. Attendre sur le sable signifie qu'il y a abondance au milieu. Bien qu'il y ait une petite critique, elle peut être utilisée pour trouver la félicité à la fin.

3. *yang*. Attendre dans la boue amène des ennemis. *Image*. Attendre dans la boue signifie qu'il y a de l'agitation à l'extérieur. Une fois que vous avez amené les ennemis à vous, soyez sérieux et prudent afin de ne pas être battu.

4. *yin*. Attendre dans le sang, sortir de votre propre grotte. *Image*. Attendre dans le sang signifie écouter docilement.

5. *yang*. Attendre avec du vin et de la nourriture ;
il est convenable d'être ferme et authentique. *Image*.
Avec du vin et de la nourriture, il est bon
d'être chaste, cela signifie être équilibré et en conformité.

6. *yin*. Allez dans la caverne, trois invités arrivent
sans se presser. Offrez-leur le respect, et vous obtiendrez finalement la bonne fortune. *Image*. Quand trois
invités arrivent lentement, présentez-leur votre respect, et vous serez finalement chanceux. Même si
vous n'atteignez pas le statut ou la position, vous
n'aurez pas perdu beaucoup.

5. L'ATTENTE
« Traverser de grandes rivières » signifie entreprendre de
grands projets.
Composants
6. *yin* : « Trois invités arrivent sans se presser » représente
l'augmentation graduelle de l'énergie positive, représentée par
les trois premiers traits yang.

6. La discorde

La discorde signifie qu'il y a obstruction de la
vérité ; soyez prudent. L'équilibre est de bon
augure, l'emportant finalement sur le mal. Il est sou-

haitable de voir le grand homme, mais il n'est pas souhaitable de traverser de grandes rivières.

La discorde est indomptable au-dessus et dangereuse en dessous, représentant dans le danger un fort contentieux. La discorde signifie qu'il y a obstruction à la vérité, veillez à rester centré et équilibré, et vous aurez la bonne fortune. Cela se rapporte à la force émergeant de l'équilibre. C'est finalement de mauvais augure, parce que la discorde ne peut amener une conclusion. Il est utile de voir un grand homme, en ce sens d'évaluer l'équilibre et la rectitude. Il n'est pas utile de traverser de grandes rivières, car vous plongeriez dans un abîme.

IMAGE

Le ciel et l'eau allant dans différentes directions symbolisent la discorde. Ainsi les personnes cultivées calculent et planifient préalablement chaque fois qu'elles commencent quelque chose.

COMPOSANTS

1. *yin*. Si vous ne persistez pas indéfiniment dans une affaire, il y aura quelque discussion, mais tout sera bien finalement. *Image*. Ne pas persister indéfiniment

dans une affaire signifie que cette discorde ne se prolonge pas. Bien qu'il puisse y avoir discussion, il y aura une clarification.

2. *yang*. Si vous ne gagnez pas votre procès, rentrez à la maison et cachez-vous. Avec les trois cents familles de votre village natal, il n'y aura pas d'ennuis. *Image*. Si vous ne gagnez pas votre procès, rentrez à la maison et cachez-vous pour esquiver les dommages. Lorsqu'un procès est intenté contre ceux situés au-dessus par ceux situés en dessous, les problèmes soulevés doivent être pris en considération.

3. *yin*. Bien que vivant des mérites passés, si vous êtes diligent et appliqué vous serez finalement fortuné. Si vous poursuivez un travail de direction, vous ne laissez pas passer n'importe quoi. *Image*. Vivre sur les mérites passés, c'est la chance de suivre l'ordre ascendant.

4. *yang*. Si vous ne gagnez pas votre procès, retournez et prenez en main votre destin, changez pour la paix. Il est de bon augure d'être ferme. *Image*. Se retourner et prendre en main son destin signifie changer pour devenir pacifique, il est de bon augure d'être ferme ; cela signifie ne pas s'esquiver.

5. *yang*. La discorde peut amener la bonne fortune. *Image*. La discorde amène la bonne fortune quand elle est équilibrée et juste.

6. *yang*. Vous pouvez être félicité avec un ruban d'honneur, mais il vous sera ôté trois fois avant que la journée ne soit finie. *Image*. Même si l'on est reconnu victorieux d'une discorde, cela ne veut pas dire que l'on est digne de respect.

7. Une armée

Si une armée doit être levée, il est propice d'avoir des personnes mûres; alors il n'y a pas de blâme.

JUGEMENT GLOBAL

Une armée est un groupe; être droit, c'est être correct. Ceux qui sont capables d'utiliser correctement des groupes peuvent ainsi devenir des chefs. Lorsque la force est centrée, elle réagit; l'action dans les détroits dangereux est docile. Même si celle-ci empoisonne le monde, les gens la suivront. Si la chance est là, quel blâme y aura-t-il?

IMAGE

Dans la terre il y a l'eau, une armée; les chefs prennent ainsi les gens et s'occupent des masses.

1. *yin*. Une armée doit avancer d'une manière ordonnée ; sinon, il y aura malchance même si la cause est bonne. *Image*. Une armée doit avancer d'une manière ordonnée parce qu'il y aura malchance si l'ordre est perdu.

2. *yang*. Au sein de l'armée, si la bonne fortune est là, il n'y a pas de blâme. Le chef donne trois fois ses directives. *Image*. Être chanceux au sein de l'armée signifie recevoir les faveurs de la Nature. Le chef donnant trois fois ses directives symbolise la préoccupation envers toutes les nations.

3. *yin*. Une armée peut subir des pertes qui sont inauspicieuses. *Image*. Si une armée subit des pertes, c'est un grand échec.

4. *yin*. Quand une armée campe à distance, il n'y a pas de troubles. *Image*. Quand une armée campe à distance il n'y a pas de troubles, car les choses sont encore normales.

5. *yin*. Quand la vermine prolifère dans les champs, il est avantageux de l'attraper et de la dénoncer ; alors il n'y a pas d'erreur. Les personnes mûres doivent mener l'expédition ; les personnes immatures subiraient des pertes même si elles étaient droites et fermes. *Image*. Les personnes mûres conduisent une armée de façon équilibrée ; les personnes immatures

subissent des pertes parce qu'elles ne sont pas adaptées à leur mission.

6. *yin*. Un grand chef a les capacités de fonder des États et de perpétuer les familles. Les personnes médiocres ne sont pas éligibles. *Image*. Les grands chefs donnent des directives par la vertu de justes succès. Les personnes médiocres ne sont pas éligibles, car elles sont sûres de déranger la nation.

8. L'accord

L'accord est auspicieux. Si le fondement de l'augure est toujours exact, il n'y a pas d'erreur. L'incertitude apparaît alors ; les traînards seront malchanceux.

JUGEMENT GLOBAL

L'accord est propice, parce que l'accord signifie l'assistance, poursuivie humblement dans l'harmonie. Si le fondement de l'augure est toujours exact, alors, il n'y a pas d'erreur ; cela se rapporte à la force ferme bien équilibrée au centre. Le trouble viendra ensuite, car il y a une réponse entre ceux au-dessus et ceux en dessous. Les traînards seront malchanceux, parce qu'ils se retrouveront dans une impasse.

IMAGE

L'eau est au-dessus de la terre, symbolisant l'accord ; ainsi agissaient les anciens rois établissant une multitude d'États et s'alliant avec leurs souverains.

COMPOSANTS

1. *yin*. L'accord avec celui qui est franc est sans blâme. Quand la sincérité remplit un pur réceptacle, elle apporte finalement la bonne fortune. *Image*. La souplesse lors de l'établissement de l'accord donnera une autre bonne fortune.

2. *yin*. L'accord qui provient de la rectitude intérieure est de bon augure. *Image*. Cet accord qui provient de soi signifie qui vous ne vous perdez pas vousmême.

3. *yin*. Il y a un accord entre de mauvaises personnes. *Image*. S'il y a un accord entre de mauvaises personnes, cela n'est-il pas malfaisant ?

4. *yin*. L'opportunité d'un accord passé avec des gens de l'extérieur est de bon augure. *Image*. Traitez avec le sage venant de l'extérieur, de façon à suivre leur progression.

5. *yang*. Rendez l'accord manifeste. Un roi utilisant trois chasseurs, perd de vue la chasse. Les habitants ne se méfient pas, c'est de bon augure. *Image*. Rendre l'accord manifeste signifie évidemment prendre sa

place bien au centre. Abandonner les turbulences et choisir l'harmonieux est symbolisé par la perte de la chasse. Quand les habitants ne se méfient pas, cela signifie que la façon de gouverner est équilibrée.

6. *yin*. L'accord sans direction est malchanceux. *Image*. L'accord sans direction n'a jamais de conclusion.

8. L'ACCORD
Composants

1. *yin* : « Le pur réceptacle » représente un cœur et un esprit purs et simples.

9. Nourrir le petit

Nourrir le petit donne le succès. Des nuages denses, sans pluie viennent de votre propre région occidentale.

JUGEMENT GLOBAL

Nourrir le petit signifie que la souplesse prend de l'importance, et que le haut et le bas lui répondent. Puissant et cependant docile, avec la force équilibrée, votre objectif est soutenu, et ainsi, vous réussissez. Les nuages denses, sans pluie, signifient que l'on est encore en mouvement ; venir de sa propre région occidentale indique que les mesures pratiques n'ont pas encore été rendues effectives.

IMAGE
Le voyage du vent dans le ciel symbolise la nutrition du petit ; ainsi, les chefs embellissent les qualités de leur propre culture.

COMPOSANTS
1. *yang*. Rebroussant chemin, où est le problème ? C'est auspicieux. *Image*. Quand vous rebroussez chemin, il est auspicieux que vous agissiez correctement.

2. *yang*. Gouverner en revenant en arrière est auspicieux. *Image*. Gouvernant en retournant vers l'équilibre au centre, vous ne vous perdrez pas.

3. *yang*. Une charrette dont les roues sont ôtées, mari et femme se détournent l'un de l'autre. *Image*. Si le mari et la femme se détournent l'un de l'autre ils ne peuvent correctement établir un foyer.

4. *yin*. Quand il y a sincérité, le sang circule et la peur s'éloigne, ainsi il n'y a pas d'ennuis. *Image*. Quand il y a sincérité, la peur s'éloigne, parce qu'il y a l'agrément d'en haut.

5. *yang*. Quand il y a sincérité, cela forme des liens, et enrichit le voisinage. *Image*. Quand il y a sincérité

cela forme des liens, l'on n'est pas seul à apprécier les richesses.

6. *yang*. La pluie est tombée puis cela s'est stabilisé, et la haute réalisation s'est dressée ; la femme est chaste et diligente. La lune est presque pleine, il est inauspicieux pour un chef d'engager une expédition. *Image*. La chute de la pluie et la stabilisation représentent l'atteinte de la plénitude. Il est inauspicieux pour un chef de continuer une expédition lorsque quelque chose reste dans le doute.

9. NOURRIR LE PETIT

« Des nuages denses, sans pluie viennent de votre propre région occidentale » symbolise l'énergie s'élevant progressivement de l'état de passivité intérieure, sur le point de s'exprimer dans l'action. La direction occidentale est symboliquement associée au mode yin, qui est aussi représenté par la petitesse.

10. Marcher

Marcher sur la queue d'un tigre sans être mordu par le tigre, pour avancer avec succès il est avantageux d'être stable.

JUGEMENT GLOBAL

Marcher signifie que la souplesse foule la dureté.

C'est une joyeuse réponse à la créativité du ciel, ainsi on peut marcher sur la queue d'un tigre sans que le tigre morde, avançant avec succès. Avec une force ferme et bien équilibrée correctement, si l'on peut fouler le chemin des chefs sans souffrance, c'est lumineux.

IMAGE

Le ciel au-dessus avec le lac en dessous symbolise la marche ; ainsi font les chefs distinguant le haut et le bas et définissant les aspirations du peuple.

COMPOSANTS

1. *yang*. Marcher simplement, il n'y a rien de mal dans cette façon de faire. *Image*. Aller en marchant simplement, mettre seul ses souhaits à exécution.

2. *yang*. Marcher sur la route, avec régularité ; la personne dans l'obscurité est fortunée si elle est ferme et droite. *Image*. La personne dans l'obscurité est fortunée si elle est ferme et droite ; cela signifie être centré et ne pas devenir sauvage.

3. *yin*. Celui qui louche peut marcher, le boiteux marche aussi ; quand on marche sur la queue du tigre, on se fait mordre. Un soldat devient un chef important. *Image*. Loucher signifie que vous ne pouvez voir clairement ; marcher en boitant signifie que vous

ne pouvez avancer. La malchance d'être mordu, c'est se trouver dans une position dans laquelle vous ne pouvez accomplir correctement quelque chose. Pour un soldat, devenir un chef important signifie que la volonté est ferme.

4. *yang*. Marcher sur la queue d'un tigre, soyez très prudent et cela se passera bien. *Image*. La prudence extrême qui arrange les choses est une action délibérée.

5. *yang*. La marche déterminée signifie l'application résolue. *Image*. La marche déterminée signifie l'application résolue ; gérer sa situation correctement.

6. *yang*. Marchant attentivement, examinez les détails avec soin, et le retour sera très auspicieux. *Image*. C'est une fête importante, lorsque la grande fortune survient au dirigeant.

10. MARCHER

« Marcher sur la queue du tigre » signifie avancer à travers des situations dangereuses ou délicates qui demandent beaucoup de prudence et de tact.

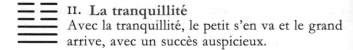

11. **La tranquillité**

Avec la tranquillité, le petit s'en va et le grand arrive, avec un succès auspicieux.

Avec la tranquillité le petit s'en va et le grand arrive, avec un succès auspicieux : cela signifie que le ciel et la terre réagissent mutuellement, donc que toutes les choses et existences atteignent l'accomplissement. Le dessus et le dessous réagissent mutuellement, et leurs volontés sont semblables. Yang à l'intérieur et yin à l'extérieur symbolisent la force interne combinée à la docilité externe, être à l'intérieur une personne cultivée tandis que l'on apparaît extérieurement comme une personne ordinaire. La voie des personnes cultivées continue encore et encore, la voie des personnes ordinaires s'efface.

IMAGE

Le ciel et la terre réagissant mutuellement forment la tranquillité. Ainsi les chefs administrent les voies du ciel et de la terre, permettant à l'équilibre du ciel et de la terre de servir le peuple.

COMPOSANTS

1. *yang*. Arrachez un roseau, et vous entraînez tous les autres avec lui. Une expédition sera fortunée. *Image*. L'arrachage du roseau et l'expédition fortunée se réfèrent à l'application extérieure de la volonté.

2. *yang*. Étreindre l'abandonné, employer ceux qui

peuvent traverser les rivières, ne pas négliger ceux qui sont éloignés ; quand l'esprit partisan s'en est allé, vous pouvez découvrir la valeur d'une action équilibrée. *Image*. Étreindre l'abandonné et obtenir le prix de l'action équilibrée signifient gloire et grandeur.

3. *yang*. Il n'y a pas de surface plane sans déclinaison, pas d'aller sans retour. Dans l'épreuve et la difficulté, la résolution et l'authenticité sont sans blâme. Le ferme et l'authentique sont sans blâme ; ne les laissez pas s'inquiéter de leur sincérité, parce qu'ils auront beaucoup à manger. *Image*. Il n'y a pas de surface plane sans déclinaison ; ceci est la frontière entre le ciel et la terre.

4. *yin*. Le frivole ne réussit pas autant que ceux qui sont autour de lui. Ils ne sont pas soucieux d'être authentiques. *Image*. Être frivole et ne pas prospérer se réfère au manque de substantialité et d'accomplissement. Ne pas être soucieux d'être authentique se réfère aux souhaits intérieurs.

5. *yin*. L'empereur marie sa plus jeune sœur pour la bonne fortune, et c'est très auspicieux. *Image*. Agir pour attirer la bonne fortune et l'obtenir est très auspicieux, cela signifie agir selon ses aspirations d'une manière équilibrée.

6. *yin*. Quand les murs de la citadelle s'effritent dans les douves, ne déployez pas l'armée. Essayer de pro-

mulguer l'ordre de son propre village natal est cho-
quant, même si cela est juste. *Image*. Les murs de la
citadelle s'effritant dans les douves représentent la ces-
sation de l'ordre.

II. LA TRANQUILLITÉ
Composants

1. *yang* : « Un roseau » est une herbe qui pousse à partir d'une
racine commune, ainsi les roseaux viennent ensemble lorsqu'on
en arrache un. Cela symbolise donc le rassemblement ou l'uni-
fication de l'attention, la loyauté, l'effort, ou tout autre res-
source d'un groupe.

5. *yin* : « L'empereur marie sa plus jeune sœur pour la bonne
fortune » symbolise le fait d'agir selon ses idéaux de façon
équilibrée, en ce sens que le mariage représente une alliance, à
la fois association et partage de pouvoir.

12. L'obstruction

L'absence d'humanité de l'obstruction ne facilite pas la droiture résolue des personnes cultivées. Le grand s'en va et le petit arrive.

JUGEMENT GLOBAL

L'absence d'humanité de l'obstruction ne profite pas
aux personnes cultivées qui sont fermes et droites ; le
grand s'en va et le petit arrive. Cela signifie que le ciel

et la terre ne réagissent pas mutuellement, que les choses et les êtres n'atteignent pas l'accomplissement. Lorsque le haut et le bas ne réagissent pas mutuellement aucun pays au monde ne peut survivre. Être yin à l'intérieur et yang à l'extérieur symbolise le fait d'être intérieurement faible mais extérieurement intraitable, être une personne ordinaire à l'intérieur mettant en avant l'apparence extérieure d'une personne cultivée ; ainsi les voies des personnes ordinaires apparaissent encore et encore, tandis que les voies des personnes cultivées s'évanouissent.

IMAGE

Le ciel et la terre ne réagissant pas mutuellement symbolisent l'obstruction ; en de telles circonstances, les personnes cultivées évitent les ennuis par la vertu de leur frugalité, peu disposées à travailler juste pour de l'argent.

COMPOSANTS

1. *yin*. Arrachez un roseau, et tous les autres viennent avec. La probité signifie chance et succès. *Image*. Quand un roseau est arraché, la probité apporte la bonne fortune, parce que le dessein est établi par le chef.

2. *yin*. Offrir leurs services apporte la bonne fortune

aux personnes ordinaires mais pose un obstacle aux grands hommes ; cependant ils avancent avec succès. *Image*. Lorsque les grands hommes trouvent un obstacle et le traversent avec succès, ils ne dérangent pas la multitude.

3. *yin*. Il est honteux d'être attrapé. *Image*. La honte d'être pris nous place dans une position peu appropriée.

4. *yang*. Lorsqu'il y a ordre, il n'y a pas faute ; les compagnons s'attachent aux bénédictions. *Image*. Lorsqu'il y a ordre, il n'y a pas faute ; le dessein s'accomplit.

5. *yang*. Juguler l'obstruction, les grands hommes sont chanceux ; tout en gardant la destruction à l'esprit, ils continuent à se sustenter. *Image*. La bonne fortune des grands hommes est d'être à leur place adéquate.

6. *yang*. Renverser l'obstruction, d'abord il y a obstruction, ensuite il y a la joie. *Image*. Quand finit l'obstruction, elle s'écroule ; qui peut durer ?

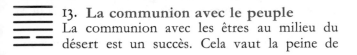

13. La communion avec le peuple
La communion avec les êtres au milieu du désert est un succès. Cela vaut la peine de

traverser de grandes rivières. Cela vaut la peine d'être droit comme les personnes cultivées.

JUGEMENT GLOBAL

Dans la communion avec le peuple, la flexibilité trouve sa place et atteint l'équilibre, répondant au créateur. Cela est appelé la communion avec le peuple. Quand il est dit que la communion avec le peuple dans le désert a du succès, et que cela vaut la peine de traverser les grandes rivières, cela se réfère à l'activité créatrice. La civilisation réagit quand sa force est équilibrée et droite ; c'est la rectitude des personnes cultivées. Seules les personnes cultivées peuvent comprendre les mentalités du monde entier.

IMAGE

Ciel et feu symbolisent la communion avec le peuple. Ainsi les personnes cultivées distinguent les choses et les êtres en termes de catégories et genres.

COMPOSANTS

1. *yang*. Communiez avec le peuple devant la porte, et il n'y aura pas de blâme. *Image*. Et qui voudrez-vous blâmer si vous communiez avec le peuple au-delà de la porte ?

2. *yin*. Être en communion avec le peuple de façon

sectaire mène au regret. *Image*. S'assimiler aux autres de façon sectaire est la route de la honte.

3. *yang*. Cachez des guerriers dans le fourré, grimpez pour une plus haute observation, n'agissez pas pendant trois ans. *Image*. Cacher des guerriers dans le fourré se réfère à une situation où il y a une forte opposition. Ne pas agir pendant trois ans signifie agir dans le calme.

4. *yang*. Quand vous assiégez les murs mais que vous ne pouvez remporter la victoire, c'est heureux. *Image*. Quand vous assiégez les murs, il est normal de ne pas réussir. Le fait chanceux dans cela, c'est d'être frustré et de retourner à la normalité.

5. *yang*. Être en communion avec le peuple, d'abord vous pleurez, puis vous riez : le grand général conquiert, puis tient des réunions. *Image*. Dans la première étape de la communion avec le peuple, vous employez l'honnêteté équilibrée ; quand ce « grand général » tient des réunions, ce qu'il dit prévaut.

6. *yang*. On peut, sans regrets, communier avec le peuple dans les environs. *Image*. Communier avec les êtres dans les environs se rapporte à la période où l'on n'a pas encore atteint l'objectif.

13. LA COMMUNION AVEC LE PEUPLE

« La communion avec les êtres au milieu du désert » symbolise la coopération avec les autres se trouvant dans un état évident de demande et de besoin.

Composants

4. *yang* : « Quand vous assiégez les murs mais que vous ne pouvez remporter la victoire, c'est heureux » en ce sens qu'il est juste qu'une agression rencontre l'échec.

5. *yang* : « D'abord vous pleurez, puis vous riez, le grand général conquiert, puis tient des réunions. » L'honnêteté peut être douloureuse au début, mais une fois qu'elle est établie, de bonnes relations peuvent se développer.

☰ 14. La grande possession
La grande possession signifie : grand succès.

JUGEMENT GLOBAL

Dans la grande possession, la flexibilité a la place importante. La grandeur est proportionnée, le haut et le bas lui répondent. Ceci est appelé grande possession. Les vertus appropriées sont la force résolue et l'intelligence cultivée, agissant selon les saisons en accord avec la nature ; c'est la raison du grand succès.

IMAGE

Le feu dans le ciel symbolise la grande possession.

Dans cette situation, les personnes cultivées arrêtent le mal et développent le bien, obéissant au ciel et acceptant son ordre.

COMPOSANTS

1. *yang*. Ne soyez pas impliqués dans ce qui est mauvais, et vous serez sans blâme. Vous serez sans blâme si vous luttez. *Image*. La grande possession est d'abord positive ; il n'y a pas d'implication avec ce qui est malfaisant.

2. *yang*. Si vous utilisez un grand véhicule pour vous déplacer et que vous devez aller quelque part, il n'y a pas d'erreur. *Image*. Utiliser un grand véhicule pour se déplacer signifie que la charge est centrée, donc, il n'y a pas de dérapage.

3. *yang*. Travailler pour le bien public s'effectue par le gouvernant. Les personnes médiocres ne peuvent diriger. *Image*. Travailler pour l'intérêt public s'effectue par le gouvernant. Les personnes médiocres sont nuisibles.

4. *yang*. Il n'y a rien de mal dans le fait de répudier ce qui est déséquilibré et sans droiture. *Image*. Répudier sans faute ce qui est déséquilibré et tordu signifie définir les choses intelligemment et les analyser.

5. *yin*. La confiance mutuelle et imbue de dignité est auspicieuse. *Image*. La confiance qui est mutuelle

signifie que les gens peuvent révéler ce qu'ils ont à l'esprit. Cette forme auspicieuse de dignité est facile et indépendante.

6. *yang*. La chance qui vient de l'aide du ciel peut être bénéfique à tous. *Image*. La chance supérieure de la grande possession vient de l'aide du ciel.

☷☶ 15. L'humilité

L'humilité rencontre le succès. Les personnes cultivées parviennent à une conclusion.

JUGEMENT GLOBAL

L'humilité rencontre le succès ; c'est la voie du ciel d'aider ceux en dessous et de dispenser la lumière.

La voie de la terre est de s'élever avec humilité. La voie du ciel amoindrit la satiété et donne plus à l'humble ; la voie de la terre s'éloigne de la satiété et chemine vers l'humilité. Fantômes et esprits blessent le suffisant et bénissent l'humble. La voie des êtres humains est de détester le suffisant et d'aimer l'humble. L'humilité est noble et même glorieuse ; à travers la modestie, on ne peut être surpassé. Ceci est la conclusion des personnes cultivées.

IMAGE

Il y a des montagnes sur la terre, symbolisant l'humilité. Les personnes cultivées enlèvent à ceux qui en ont trop, pour donner à ceux qui n'en ont pas assez, en évaluant les gens de façon à traiter avec eux de manière impartiale.

COMPOSANTS

1. *yin*. Si les personnes cultivées utilisent humblement l'humilité pour traverser de grandes rivières, elles seront fortunées. *Image*. Lorsque les personnes cultivées utilisent humblement l'humilité, elles utilisent ceci pour se maîtriser elles-mêmes.

2. *yin*. Exprimer l'humilité est propice si elle est authentique. *Image*. Exprimer l'humilité est propice si elle est authentique, en ce sens qu'elle existe vraiment là, dans le cœur.

3. *yang*. Les personnes cultivées qui travaillent dur et cependant restent humbles ont une bonne fortune à la fin. *Image*. Tous les gens voudraient suivre des personnes cultivées qui travaillent dur et qui cependant restent humbles.

4. *yin*. En aucun cas il n'est bénéfique de chasser l'humilité. *Image*. En aucun cas il n'est bénéfique de chasser l'humilité, cela signifie d'éviter de violer les règles.

5. *yin*. Lorsque l'on ne prospère pas avec ses voisins, il est avantageux de les envahir; tout cela sera profitable. *Image*. Il est avantageux de les envahir: cela signifie vaincre le mécontentement.

6. *yin*. En exprimant l'humilité, il est avantageux de déployer une armée pour se répandre dans les villes et les États. *Image*. Quand on exprime l'humilité, cela signifie que l'objectif n'a pas encore été atteint; on peut alors engager une opération militaire pour se répandre sur les villes et les États.

15. L'HUMILITÉ
Composants

1. *yin*: « Utilisent humblement l'humilité » cela signifie l'humilité sans conscience de soi ou sans construction artificielle.

4. *yin*: Le fait de « chasser l'humilité » signifie appliquer l'humilité à tous les aspects de la vie.

☷☳ 16. Le bonheur

Si c'est pour le bonheur, il est bénéfique d'installer les chefs locaux et de mobiliser les armées.

JUGEMENT GLOBAL

Dans le bonheur, la force réagit bien et les objectifs

sont soutenus. Agir de façon harmonieuse signifie le bonheur. Comme le bonheur agit harmonieusement, le ciel égal et la terre s'y conforment, sans même parler d'installer des chefs locaux et de mobiliser des armées. Parce que le ciel et la terre agissent harmonieusement, le soleil et la lune ne quittent pas leur course et les quatre saisons ne sortent pas de l'ordre des choses. Comme les sages agissent harmonieusement, les punitions sont nettes et les gens sont obéissants. Le sens profond de la période heureuse porte loin ses effets.

IMAGE

Le tonnerre émerge et la terre s'émeut, cela symbolise le bonheur. Ainsi, les anciens chefs jouaient de la musique pour honorer la vertu, l'offrant à Dieu en abondance, pour la partager avec leurs ancêtres.

COMPOSANTS

1. *yin*. Il est de mauvais augure de crier son bonheur. *Image*. Faible au début, si vous criez votre bonheur, vous serez malchanceux quand votre volonté sera contrecarrée.

2. *yin*. Ferme comme un roc, sans parler de la journée, soyez authentique et vous serez fortuné. *Image*. Sans parler de la journée, soyez authentique et vous

serez fortuné, jusqu'au point où vous serez correctement équilibré.

3. *yin.* Si vous attendez trop le bonheur, vous le regretterez. Si vous êtes trop en retard, vous le regretterez. *Image.* Être dans le regret parce que l'on attend trop le bonheur signifie être dans une position que l'on ne peut gérer correctement.

4. *yang.* Être une source de joie, il y a grand profit ; ne doutez pas que des compagnons se rassembleront. *Image.* Être une source de joie et en tirer un grand profit signifie amener un projet à son aboutissement.

5. *yin.* Soyez ferme dans vos alliances, et vous durerez sans mourir. *Image.* Être ferme dans ses alliances signifie chevaucher sur la force ; durer sans mourir signifie que l'équilibre n'a pas été perdu.

6. *yin.* Le bonheur insouciant subit le changement dès qu'il s'est installé ; ce n'est la faute de personne. *Image.* Le bonheur insouciant est à son zénith, qui peut durer ?

17. Suivre
Suivre est un grand succès, acceptable si cela est juste ; alors il n'y a pas de faute.

JUGEMENT GLOBAL

En suivant, la fermeté vient sous la flexibilité, suivant gaiement son activité. Si le grand succès est correct, il n'y a pas de faute, et le monde suit les saisons. L'indication de suivre les saisons est certes importante.

IMAGE

Il y a le tonnerre dans le lac, symbolisant le fait de suivre ; ainsi les personnes cultivées rentrent et se reposent au coucher du soleil.

COMPOSANTS

1. *yang*. Quand il y a changement des devoirs, c'est auspicieux si ceux-ci sont corrects. Les relations à l'extérieur de la porte sont méritoires. *Image*. Quand il y a changements dans les devoirs, il est auspicieux d'aller avec ce qui est juste. Lorsque les relations à l'extérieur de la porte sont méritoires, cela signifie éviter de faire des erreurs.

2. *yin*. Étant impliqué avec un enfant, vous perdez un adulte. *Image*. Être impliqué avec un enfant signifie que vous ne pouvez être à la fois avec un enfant et un adulte.

3. *yin*. Étant impliqué avec un adulte, vous perdez un enfant. En suivant une quête pour gagner, il est

salutaire de rester ferme. *Image*. Être impliqué avec un adulte signifie l'intention de centrer son cœur en laissant l'humilité derrière soi.

4. *yang*. Si l'on suit son avidité, on sera malchanceux même si l'on est résolu. Si vous êtes sincère et que vous avanciez sur la Voie de la clarté, quel est le problème ? *Image*. Suivre avec avidité est infortuné par définition. Être sincère et rester sur la Voie sont les réalisations de la clarté.

5. *yang*. La sincérité dans le bien est auspicieuse. *Image*. La sincérité dans le bien est propice ; cela signifie que la position est bien centrée.

6. *yin*. Si vous êtes engagé par des liens avec quelque chose, vous êtes propulsé avec cette chose. Un roi fait des sacrifices. *Image*. Être engagé par des liens avec quelque chose signifie que l'on ne peut aller plus haut.

17. SUIVRE
Composants
1. *yang* : « L'extérieur de la porte » représente la vie publique.

2. *yin* : « Enfant/ adulte » représente les plus petites et les plus grandes inquiétudes et préoccupations.

18. L'interruption

L'interruption mène au grand succès. Cela vaut la peine de traverser les grandes rivières. Trois jours avant, trois jours après...

JUGEMENT GLOBAL

Dans l'interruption, il y a dureté en haut et douceur en bas, une bourrasque de vent est stoppée et interrompue. Quand l'interruption mène au grand succès, le monde est pacifié. Il est salutaire de traverser de grandes rivières, en ce sens où il y a un but à vos actions. Trois jours avant et trois jours après se rapportent à l'action créative, qui recommence dès qu'elle est finie.

IMAGE

Le vent est bloqué sous la montagne. Les personnes cultivées incitent les autres à développer la vertu.

COMPOSANTS

1. *yin*. Si un fils est impliqué dans l'obstruction du père, il n'y a pas de blâme pour le père retardé. S'il est diligent, la bonne fortune viendra à la fin. *Image*. Être impliqué dans l'obstruction du père signifie prendre la suite du père retardé.

2. *yang*. Être impliqué dans l'obstruction de la mère, cela ne durera pas. *Image*. Être impliqué dans

l'obstruction de la mère signifie chercher une voie d'équilibre.

3. *yang*. Être impliqué dans l'obstruction du père, il y a un petit regret mais pas de grand blâme. *Image*. S'impliquer dans l'obstruction du père, et à la fin il n'y a pas de problème.

4. *yin*. Admettant l'obstruction du père, si vous avancez vous éprouverez la honte. *Image*. Admettant l'obstruction du père, vous ne pouvez avancer.

5. *yin*. Étant impliqué dans l'obstruction du père, utilisez la prière. *Image*. Utiliser la prière pour gérer l'obstruction du père signifie saisir ce qui est vertueux et digne d'éloges.

6. *yang*. Ne travaillez pas pour les rois et les seigneurs, élevez vos vues. *Image*. Si elle n'est pas au service des rois et seigneurs, votre volonté est exemplaire.

19. Surveiller

Pour surveiller et gagner le succès, il est bénéfique d'être droit et authentique. Arrivant au huitième mois, la chance est mauvaise.

JUGEMENT GLOBAL

Par la surveillance, la force augmente graduellement. Joyeusement harmonieuse, la force est équilibrée et réactive. Accomplir le grand succès en étant droit et authentique, c'est la voie du ciel. Arrivant au huitième mois, la chance est mauvaise, en ce sens que le déclin ne dure pas longtemps.

IMAGE

Il y a la terre au-dessus d'un marais, symbolisant la surveillance. Avec l'éducation intarissable et la pensée, l'être cultivé étreint et protège les personnes sans les aliéner.

COMPOSANTS

1. *yang*. La surveillance sensible est de bon augure si elle est ferme et authentique. *Image*. La surveillance sensible est de bon augure si elle est ferme et authentique, cela signifie que les buts et les actions sont corrects.

2. *yang*. La surveillance sensible et adéquate ne manquera pas de profiter à tous. *Image*. La surveillance sensible et adéquate ne manquera pas de profiter à tous, particulièrement ceux qui ne suivent pas encore de directions.

3. *yin*. La surveillance puérile n'apporte aucun profit. Une fois que vous serez impliqué avec elle, il n'y aura cependant pas de problème. *Image*. La surveillance puérile signifie que vous êtes dans une position que

vous ne pouvez gérer. Cependant, une fois impliqué, vos problèmes n'augmenteront pas.

4. *yin*. La parfaite surveillance est sans blâme. *Image*. La parfaite surveillance est sans blâme ; votre position est correctement gérée.

5. *yin*. La surveillance éclairée est appropriée pour un grand chef, et elle est auspicieuse. *Image*. Ce qui est approprié pour un grand chef est l'équilibre dans l'action.

6. *yin*. La surveillance attentive est de bon augure, pas de problème. *Image*. La surveillance attentive est auspicieuse dans la mesure où la volonté est concentrée à l'intérieur.

19. SURVEILLER

« Le huitième mois » représente le déclin d'énergie positive.

≡≡ **20. Observer**

≡≡ Observer l'ablution avant la présentation de
≡≡ l'offrande, il y a sincérité et celle-ci est remplie de déférence.

JUGEMENT GLOBAL

Le grand est observé d'en haut, harmonieux et gentil, montrant le monde équilibré et droit. Observer l'ablution avant la présentation de l'offrande, il y a sincérité respectueuse; ceux d'en dessous observent et sont influencés de cette façon. Montrer la voie spirituelle de la Nature, les quatre saisons ne varient pas. Lorsque les sages utilisent la voie spirituelle pour développer l'éducation, le monde entier suit.

IMAGE

Le vent voyageant sur la terre symbolise l'observation. Les rois antiques examinaient les régions et observaient les gens pour développer l'éducation.

COMPOSANTS

1. *yin*. L'observation naïve n'est pas blâmable pour les personnes ordinaires, mais c'est une disgrâce pour les personnes cultivées. *Image*. L'observation naïve qui est faible au début est la voie des personnes ordinaires.

2. *yin*. Observer en jetant un coup d'œil furtif, comme femme il est avantageux d'être chaste. *Image*. Observer en jetant un coup d'œil furtif peut être embarrassant, même si vous êtes chaste comme une femme.

3. *yin*. Observez les hauts et les bas de votre propre existence. *Image*. Observez les hauts et les bas de votre propre existence, vous n'avez pas encore perdu la Voie.

4. *yin*. Observer la gloire d'une nation, cela vaut la peine d'être l'invité de son roi. *Image*. Observer la gloire des nations se réfère à la manière d'évaluer leurs invités.

5. *yang*. Observant leur propre existence, les personnes cultivées sont sans blâme. *Image*. Observer leur propre existence, c'est observer le peuple au sens large.

6. *yang*. Observant leur vie, les personnes cultivées sont sans blâme. *Image*. Ils observent leur vie parce qu'ils n'ont pas encore la paix de l'esprit.

☲ 21. Mordre à travers
Réussir à mordre à travers est utile pour exercer la justice.

JUGEMENT GLOBAL

Avoir quelque chose entre les mâchoires est appelé mordre à travers, mordre et passer à travers. Dureté et douceur sont divisées, il y a action et compréhension. Le tonnerre et l'éclair se combinent en un modèle. La flexibilité est équilibrée et elle s'élève ; même si elle n'est pas encore effective, elle est utile dans l'exercice de la justice.

IMAGE

Le tonnerre et l'éclair symbolisent le fait de mordre à travers. Les anciens rois ont promulgué des lois avec sanctions précises.

COMPOSANTS

1. *yang.* Avec les entraves qui vous bloquent sur le chemin, vous êtes sans blâme. *Image.* Les entraves qui vous bloquent sur le chemin signifient que vous n'agissez pas.

2. *yin.* Mordant la peau, arrachant le nez, vous êtes sans blâme. *Image.* Mordre la peau, arracher le nez signifie chevaucher la force déterminée.

3. *yin.* Mordre la viande séchée, en arriver à s'empoisonner, il y a un petit embarras mais pas de blâme. *Image.* En arriver à s'empoisonner signifie ne plus être à sa place.

4. *yang.* Mordant la viande séchée et osseuse, vous trouvez une flèche en or. Il y a bénéfice à être appliqué ; il est de bon augure d'être ferme et droit. *Image.* Il est bénéfique d'être appliqué, et cela est aussi de bon augure d'être ferme et droit, quand vous n'avez pas encore atteint de distinction.

5. *yin.* Mordant la viande séchée, vous trouvez de l'or jaune. Si vous êtes ferme dans le danger, il n'y aura pas d'ennui. *Image.* Être ferme dans le danger,

ne pas avoir d'ennui, signifie trouver ce qui est juste.

6. *yang*. Porter un carcan qui arrache les oreilles est infortuné. *Image*. Porter un carcan qui arrache les oreilles signifie ne pas entendre distinctement.

21. MORDRE À TRAVERS

« Mordre à travers » signifie trancher à travers les difficultés.
Composants
6. *yang* : Un « carcan » est une punition sous la forme d'un grand carré de bois serré autour du cou.

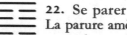
22. Se parer
La parure amène le succès. Il est bénéfique de se rendre quelque part, pas trop loin.

JUGEMENT GLOBAL

Le succès de la parure signifie que la flexibilité s'approche pour embellir la fermeté ; ainsi elle réussit. La fermeté partielle s'élève pour embellir la flexibilité ; donc il est bénéfique de se rendre quelque part, pas trop loin. C'est la parure céleste. La stabilité par la civilisation est la parure de l'humanité. Observez la parure céleste pour voir le changement des saisons ; observez la parure de l'humanité pour développer le monde.

Il y a le feu en dessous de la montagne, il l'embellit ; ainsi les personnes cultivées apportent la clarté aux affaires du gouvernement, sans jugement présomptueux.

COMPOSANTS

1. *yang*. Ornez vos pieds, laissez le véhicule et marchez. *Image*. Laissez la voiture et marchez, parce qu'il est préférable de ne pas chevaucher.

2. *yin*. Embellir signifie chercher. *Image*. Embellir signifie chercher, s'élever avec ceux d'en haut.

3. *yang*. Paré et exubérant, vous serez fortuné si vous êtes toujours ferme et authentique. *Image*. La chance d'être toujours ferme et authentique est qu'en fin de compte, personne ne vous avilit.

4. *yin*. Soyez parés et cependant ordinaires, le cheval blanc est vif. S'il n'y a pas d'opposition, il y a association. *Image*. Le quatrième yin est indécis à son emplacement. Il y a association s'il n'y a pas d'opposition, en ce sens qu'il n'y a pas de rancune à la fin.

5. *yin*. Pour parer les collines et les jardins, une pièce de soie est trop petite. C'est embarrassant, mais la conclusion est auspicieuse. *Image*. La bonne fortune du cinquième yin est d'obtenir la joie.

6. *yang*. La parure ordinaire est impeccable. *Image*.

La parure ordinaire est impeccable, parce que cela indique la haute réalisation d'un objectif.

22. SE PARER

5. yin : « Pour parer les collines et les jardins, une pièce de soie est trop petite. C'est embarrassant, mais la conclusion est auspicieuse. » La simplicité et le minimalisme peuvent paraître inconvenants aux personnes occupant de hautes positions, mais les résultats sont bons.

23. Se déshabiller

En se déshabillant, il n'est pas avantageux d'aller n'importe où.

JUGEMENT GLOBAL

Se déshabiller signifie enlever ; la faiblesse remplace la force. Il n'est pas avantageux d'aller n'importe où ; les personnes médiocres s'accroissent. Pour provoquer l'arrêt de cela, observez les images. Les personnes cultivées reconnaissent la valeur de l'augmentation et du déclin, du remplissage et du vide, parce que ceci est le mouvement de la Nature.

IMAGE

La montagne se joint à la terre, symbolisant le déshabillage. Ceux d'en haut consolident leur maison grâce à la gentillesse de ceux d'en dessous.

COMPOSANTS

1. *yin*. Prendre plaisir à démonter un lit en enlevant ses pieds, se moquer de la vérité est source de malchance. *Image*. Démonter un lit en enlevant ses pieds signifie détruire la base.

2. *yin*. Prendre plaisir à démonter un lit en enlevant son cadre, se moquer de la vérité est source de malchance. *Image*. Démonter un lit de son cadre signifie détruire la base.

3. *yin*. Se déshabiller, donc il n'y a pas de blâme. *Image*. Se déshabiller jusqu'au point où il n'y ait pas de blâme signifie enlever la distinction entre le haut et le bas, le souverain et le sujet.

4. *yin*. Déshabiller un lit «jusqu'à la peau» est infortuné. *Image*. Déshabiller un lit «jusqu'à la peau» signifie se rapprocher tout près de la catastrophe.

5. *yin*. Tenir un poisson par une corde avec la ferveur affichée pour courtiser les dames est auspicieux à tous. *Image*. Parce qu'en utilisant la ferveur affichée pour courtiser, il n'y a finalement pas de ressentiment.

6. *yang*. Un fruit dur n'est pas consommé. Les personnes cultivées sont récompensées par des moyens de transport, les personnes médiocres sont expulsées de

leur demeure. *Image*. Les personnes cultivées sont récompensées par des moyens de transport, étant portées par la populace au sens large ; les personnes médiocres sont expulsées de leurs demeures, étant inaptes à leur emploi.

23. SE DÉSHABILLER
Composants

5. *yin* : « Tenir un poisson » se rapporte au premier des quatre traits yin de ce signe, symbolisant un groupe de personnes humbles.

24. Le retour

Quand le retour est accompli avec succès, on entre et on sort sans ennui, pas de problème lorsqu'un compagnon arrive. Revenez en arrière sur la Voie, vous serez de retour dans sept jours. Il est bénéfique d'avoir un endroit où aller.

JUGEMENT GLOBAL

Le retour est accompli avec succès lorsque la force ferme revient à l'action et opère harmonieusement ; c'est la manière de sortir et rentrer sans ennui, le compagnon qui arrive indique qu'il n'y aura pas de problème. Retourner en arrière sur la Voie, revenir dans sept jours, se réfère au fonctionnement de la Nature. Il est bénéfique d'avoir un endroit où aller, en ce sens que la force grandit. Retourner peut être compris comme contempler le centre de l'univers.

IMAGE

Le tonnerre à l'intérieur de la terre symbolise le retour. Ainsi les rois antiques fermaient-ils les portes sur le solstice hivernal; les caravanes n'ont plus voyagé, et le souverain n'a pas inspecté les provinces.

COMPOSANTS

1. *yang*. Si vous revenez avant de partir au loin, vous n'aurez pas de regret et serez très fortuné. *Image*. Revenir avant de partir au loin est effectué par le travail sur soi.

2. *yin*. Retourner au bien est une bonne chose. *Image*. La fortune du retour au bien se produit par la gentillesse envers ceux du dessous.

3. *yin*. La diligence du retour réitéré est sans blâme. *Image*. La diligence du retour réitéré est sans blâme en ce sens que l'on fait son devoir.

4. *yin*. En agissant harmonieusement, revenir sans dépendance. *Image*. Revenir sans dépendance avec l'action équilibrée est effectué en suivant la Voie.

5. *yin*. Revenir avec application, et vous n'aurez pas

de regret. *Image*. Revenir avec diligence de sorte que vous n'ayez pas de regret signifie être équilibré par l'examen de soi.

6. *yin*. Retourner à la confusion est infortuné ; il y aura un trouble désastreux. Si cela motive une expédition militaire, il s'ensuivra une terrible défaite, malheureuse pour le chef de la nation. Même dans les dix années, il n'y aura point de victoire. *Image*. Ce qui est mauvais dans le retour à la confusion, c'est qu'il va à l'encontre du conseil éclairé.

25. La fidélité

La fidélité est très fortunée, bénéfique si elle est correcte. Si vous niez ce qui est juste, vous êtes induit en erreur et il n'y aura aucun avantage à aller où que ce soit.

JUGEMENT GLOBAL

Dans la fidélité, la force vient de l'extérieur et devient le guide intérieur. Être actif et robuste, ferme et réactif, réussit grandement sur la voie juste qui est l'ordre même de la Nature. Si vous niez ce qui est juste, vous êtes induit en erreur et ne pourrez bénéficier d'aller où que ce soit. Où la fidélité mènet-elle? Sans l'aide de l'ordre de la Nature, où iriez-vous?

IMAGE

Le tonnerre voyage sous le ciel, les choses avancent avec loyauté. Les anciens rois encourageaient l'abondance, s'accordant aux saisons pour nourrir tous les êtres.

COMPOSANTS

1. *yang*. Procéder sans inflexion est de bon augure. *Image*. Procéder sans inflexion, cela implique atteindre son but.

2. *yin*. Si vous n'avez pas labouré en vue de la moisson ni préparé de nouveaux champs, alors il est avantageux d'avoir un endroit où aller. *Image*. Ne pas avoir labouré en vue de la moisson signifie ne pas encore être riche.

3. *yin*. L'infortune de la fidélité est semblable à la vache que quelqu'un a attachée et qui est emmenée par un voyageur, une infortune pour les villageois! *Image*. Quand un passant emmène la vache, c'est malheureux pour les villageois.

4. *yang*. Vous devez être authentique; alors vous serez sans blâme. *Image*. On devrait être authentique, et être ainsi sans blâme; cela est la nature inhérente.

5. *yang*. Pour la maladie de la fidélité, ne traitez pas avec une médecine ; la joie sera là. *Image*. S'il n'y a rien de mal, la médecine n'a pas besoin d'être employée.

6. *yang*. Si l'action déterminée est erronée il n'y a aucun bénéfice d'obtenu, il n'y a pas d'avantage à gagner. *Image*. C'est l'infortune de l'action déterminée confrontée à une impasse.

25. LA FIDÉLITÉ
Composants
3. *yin* : « L'infortune de la fidélité » signifie s'attacher à de mauvaises fixations.

26. La grande construction

La grande construction renforce le droit et l'authentique. Ne pas manger à la maison est bénéfique. Cela vaut la peine de traverser les grandes rivières.

JUGEMENT GLOBAL

Dans les grandes constructions il y a la force ferme et l'authenticité sérieuse, avec la lumière éclatante renouvelée chaque jour. Ses vertus placent la force en haut, avec de l'estime pour le sage. Être puissant et cependant pondéré est d'une grande rectitude. Ne pas manger à la maison est fortuné, cela signifie nourrir le sage. Il est utile de traverser de grandes rivières, en réponse à la Nature.

IMAGE

Le ciel dans les montagnes symbolise la grande construction. Ainsi les personnes cultivées recueillent de nombreux mots et actions du passé afin de construire leur propre vertu.

COMPOSANTS

1. *yang*. Quand il y a danger, il est bénéfique de s'arrêter. *Image*. Quand il y a danger, il est bénéfique de s'arrêter, en ce sens d'éviter de se retrouver dans les ennuis.

2. *yang*. Un véhicule a ses essieux enlevés. *Image*. Une voiture dont les essieux sont enlevés, cela signifie qu'elle est sans défaut.

3. *yang*. Un bon cheval part en chasse. Il est bénéfique de lutter; il convient d'être droit et authentique. Pratiquer la conduite et la défense chaque jour, cela vaut la peine s'il y a quelque part où aller. *Image*. Cela en vaut la peine s'il y a quelque part où aller, pour se conformer à un but plus élevé.

4. *yin*. La corne du jeune bœuf est très auspicieuse.

Image. Dans cette position, cela est très auspicieux quand la joie est présente.

5. *yin*. Les défenses du sanglier châtré sont suspicieuses. *Image*. Dans cette position c'est très auspicieux lorsqu'il y a célébration.

6. *yang*. Arrivé au carrefour du ciel, vous le traversez avec succès. *Image*. Arriver au carrefour du ciel signifie que la Voie se développe sur une grande échelle.

☲ 27. La nutrition

La nutrition de l'authenticité est de bon augure. Regardez la nutrition, et cherchez vous-même l'accomplissement personnel.

JUGEMENT TOTAL

La nutrition de l'authenticité est de bon augure. Vous avez une bonne fortune si vous développez ce qui est juste et authentique. Regarder la nutrition consiste à observer ce que vous prenez en charge, chercher soi-même l'accomplissement personnel c'est observer son propre développement. L'univers prend en charge tous les êtres ; les sages prennent en charge le judicieux et le bon, pour influencer le peuple en général. La régulation de la nutrition est très importante !

IMAGE

Sous la montagne est le tonnerre, symbolisant la nutrition. Les personnes cultivées gardent délibérément leur parole et modèrent leur consommation.

COMPOSANTS

1. *yang*. Il est infortuné d'ignorer votre tortue sacrée et de me regarder avec votre mâchoire pendante. *Image*. Me regarder avec votre mâchoire pendante n'est en aucun cas recommandable.

2. *yin*. Pervertir la nourriture est anormal, s'alimenter sur une plus haute terre ; il est malchanceux de constituer une expédition. *Image*. Dans cette situation une expédition est malchanceuse parce qu'aller de l'avant serait proche d'une perte.

3. *yin*. Si vous balayez la nourriture, il est malchanceux de persister. Ne faites pas cela pendant dix années ; il n'y a rien à y gagner. *Image*. L'avertissement de ne pas agir pendant dix années signifie que le cours de l'action est très perturbé.

4. *yin*. La nourriture pervertie est auspicieuse. Un tigre scrutant attentivement, sur le point de chasser, n'est pas à blâmer. *Image*. La bonne fortune de la

nourriture pervertie vient au débit des bénédictions d'en haut.

5. *yin*. Dans les situations anormales, vous serez chanceux si vous restez ferme et authentique ; il n'est pas approprié de traverser les grandes rivières. *Image*. La chance de rester ferme et authentique suit des idéaux plus élevés de façon harmonieuse.

6. *yang*. Être une source de nutrition est dangereux mais cependant propice. *Image*. Être une source de nutrition est dangereux mais cependant propice, parce que c'est une grande célébration.

28. La prédominance du grand

Quand le grand prédomine et les poutres maîtresses ploient, il est bénéfique d'aller quelque part pour réussir.

JUGEMENT GLOBAL

La prédominance du grand, c'est quand le grand ou le puissant prédomine. La pliure de la poutre maîtresse symbolise la faiblesse de la base et des fondations. La force prédomine, mais elle est centrée ; elle est douce et agit agréablement, alors il sera avantageux d'aller quelque part, car vous aurez du succès.

L'opportunité de la prédominance du grand est très importante !

IMAGE

L'humidité détruisant le bois symbolise la prédominance du grand. Comme les personnes cultivées peuvent rester seules debout, sans peur, elles peuvent se retirer de la société sans anxiété.

COMPOSANTS

1. *yin*. Utiliser des roseaux ordinaires comme nappe de cérémonie est sans blâme. *Image*. Utiliser des roseaux ordinaires comme nappe de cérémonie signifie garder la souplesse dans une situation inférieure.

2. *yang*. Lorsqu'un saule flétri produit des bourgeons et qu'un vieil homme épouse une jeune femme, il n'est personne qui n'en profite. *Image*. Un vieil homme et une jeune femme sont étonnemment sociables.

3. *yang*. Mauvaise fortune si la poutre maîtresse plie. *Image*. La malchance de l'affaissement de la poutre maîtresse signifie qu'il est impossible d'y remédier.

4. *yang*. Il est auspicieux que la poutre maîtresse soit érigée, mais il peut y avoir une autre difficulté. *Image*. La chance que la poutre maîtresse soit érigée vient du fait qu'elle ne se tord pas.

5. *yang.* Lorsqu'un saule flétri porte des fleurs et qu'une vieille femme obtient un jeune mari, il n'y a pas de blâme et pas d'éloge. *Image.* Un saule flétri peut fleurir, mais comment cela pourrait-il durer? Pour une vieille femme un jeune mari peut aussi devenir embarrassant.

6. *yin.* Il est inauspicieux d'obtenir d'être trop impliqué et de perdre votre tête, mais il n'y a pas de blâme. *Image.* La malchance d'être trop impliqué est dénuée de reproche.

29. Les pièges constants

Lorsqu'il y a des pièges constants, s'il a la sincérité, l'esprit rationnel les traverse avec succès, et l'action a une valeur.

JUGEMENT GLOBAL

Les pièges constants se présentent en une série de dangereux détroits. Comme l'eau s'écoule sans remplir, traversez les dangereux détroits sans perdre votre foi. L'esprit rationnel les traverse avec succès en utilisant la fermeté dans l'équilibre. L'action a une valeur, en ce sens que quelque chose de valable est accompli par l'aventure.

Le danger du ciel est que nous ne pouvons pas grimper jusqu'à lui ; le danger de la terre ce sont les montagnes, les rivières, et les collines. Les souverains installent des dangers pour préserver leurs pays. L'emploi opportun du danger est très important !

IMAGE

L'écoulement répété de l'eau symbolise les pièges constants. Les personnes cultivées apprennent à enseigner par la constante application de la vertu.

COMPOSANTS

1. *yin.* Lorsqu'il y a des pièges constants, il est inauspicieux d'aller dans le fond d'une fosse. *Image.* Aller dans une fosse lorsqu'il y a des pièges constants c'est l'infortune de perdre la Voie.

2. *yang.* Bien qu'il y ait le danger d'un piège, cherchez et vous gagnerez un peu. *Image.* Cherchez et vous gagnerez un peu, dans la mesure où vous n'êtes pas allés au-delà de la moyenne.

3. *yin.* Aller et venir, piège après piège, bloqué dans de dangereux détroits, on va dans le fond d'une fosse. Ne faites pas cela. *Image.* Aller et venir, piège après piège, signifie abandonner sans avoir accompli quoi que ce soit.

4. *yin*. Un pichet de vin est accompagné par une offrande cérémonielle de céréales. Utilisez une tasse ordinaire. Avoir fait en privé un vœu à la fenêtre, à la fin il n'y a pas de blâme. *Image*. Le pichet de vin et l'offrande cérémonielle de céréales symbolisent le point de rencontre entre le ferme et le flexible.

5. *yang*. La fosse n'est pas complètement comblée ; elle est nivelée, il n'y a pas de problème. *Image*. La fosse n'est pas complètement comblée signifie qu'elle n'est pas encore importante.

6. *yin*. Lié avec une corde et plongé dans les ronces, vous êtes impuissant depuis trois années. Mauvaise fortune. *Image*. La malchance de perdre la Voie par la faiblesse au sommet qui dure depuis trois ans.

29. LES PIÈGES CONSTANTS
Composants

4. *yin* : « Utiliser une tasse ordinaire » signifie être sans artifices. « Un vœu prononcé à la fenêtre » symbolise la communication effectuée avec ouverture et clarté.

30. Le feu
Le feu est salutaire pour la réussite du droit. Il est auspicieux d'élever une vache.

Le feu attache : le soleil et la lune adhèrent au ciel, les plantes adhèrent à la terre. Qui s'attache à ce qui est juste avec la double illumination forme le monde. La flexibilité réussit en s'attachant l'équilibre et la rectitude ; ceci est représenté par le fait de mener à bien l'élevage de la vache.

IMAGE

La double illumination crée le feu. Ainsi les grands hommes illuminent les quatre directions avec une lumière constante.

COMPOSANTS

1. *yang*. Lorsqu'on marche de travers, soyez vigilant et vous serez sans blâme. *Image*. Lorsqu'on marche de travers, la vigilance vous permet d'éviter l'erreur blâmable.

2. *yin*. Le feu jaune est très auspicieux. *Image*. Le feu jaune est très auspicieux, parce qu'il exprime la réalisation d'une voie équilibrée.

3. *yang*. Dans le feu du soleil couchant, ou vous battez du tambour sur une jarre en chantant, ou bien vous murmurez la lamentation d'un ancien, ce qui est inauspicieux. *Image*. Combien de temps peut durer le feu du soleil couchant ?

4. *yang.* Une interruption inattendue provoque la brûlure, la mort, et l'abandon. *Image.* Arriver de façon impromptue n'est pas permis.

5. *yin.* Il y a des pleurs et des lamentations, mais la chance est bonne. *Image.* La bonne fortune du faible est ici de se soumettre au gouvernant.

6. *yang.* Un roi a besoin de partir en expédition ; la chance avec lui, il abat le chef. Les captifs ne sont pas du même genre, donc ils ne sont pas blâmés. *Image.* Quand un roi a besoin de partir en expédition, c'est pour redresser le pays.

30. LE FEU
Composants

6. *yang* : « Les captifs ne sont pas du même genre, donc ils ne sont pas blâmés. » Seul les chefs d'une bande sont visés dans une action punitive ; les masses de partisans sont contrôlées par des forces extérieures, ils ne sont pas du même genre que les instigateurs et les chefs.

≡≡ 31. La sensibilité
Le succès de la sensibilité est bénéfique à l'authenticité. Il est auspicieux de s'allier une femme.

Sensibilité signifie sensation. La flexibilité est au-dessus et la fermeté est en dessous ; les deux énergies se répondent avec sensibilité et ainsi avancent l'une avec l'autre. Stable et heureux, l'homme est effacé devant la femme ; c'est pourquoi ce succès est bénéfique à l'authenticité, et qu'il est auspicieux de s'allier une femme. Toutes les choses et les êtres sont produits à travers la sensibilité du ciel et de la terre. La sensibilité des sages remue tellement l'esprit des gens que le monde est harmonieux et paisible. Observez à quoi ils sont sensibles, et les conditions de toutes choses dans l'univers peuvent être vues.

IMAGE

Un lac sur la montagne symbolise la sensibilité. Les personnes cultivées acceptent les autres avec ouverture.

COMPOSANTS

1. *yin*. La sensibilité est dans le gros orteil. *Image*. La sensibilité dans le gros orteil signifie que la volonté est dirigée vers l'extérieur.

2. *yin*. Sentir son mollet pitoyable, il serait auspicieux de rester sur place. *Image*. En dépit de la mal-

chance, restez sur place et vous serez fortuné ; cela signifie suivre ce qui est inoffensif.

3. *yang*. La sensibilité dans les cuisses consiste à se conformer ; il est embarrassant de continuer. *Image*. La sensibilité dans les cuisses signifie aussi ne pas rester sur place ; quand son souhait est de suivre les autres, ce à quoi l'on tient est modeste.

4. *yang*. Il est auspicieux d'être authentique ; le regret disparaît. Aller et venir en réfléchissant, les compagnons suivent vos pensées. *Image*. Avec la chance d'être authentique, le regret disparaît ; il n'y a cependant aucune indication de nocivité. Le fait d'aller et venir en réfléchissant se déroule avant que la grandeur ne soit atteinte.

5. *yang*. Lorsque la sensibilité est dans la chair du dos, il n'y a pas de regret. *Image*. La sensibilité dans la chair du dos signifie que l'esprit est dirigé vers les choses ultimes.

6. *yin*. La sensibilité est dans les mâchoires et la langue. *Image*. La sensibilité dans les mâchoires et la langue signifie parler sans discontinuer.

31. LA SENSIBILITÉ
Composants

2. *yin* : « Sentir son mollet pitoyable, il serait auspicieux de rester sur place. » Le mollet doit suivre la direction du pied si la

jambe se met en mouvement : si le pied tourne dans une mauvaise direction mais que le mollet ne suit pas, la jambe persistera pas dans cette direction. C'est la fonction de la conscience secondaire et de l'examen de soi.

3. *yang* : « Il est embarrassant de continuer » en ce sens que ce qui est inférieur doit être « sur-dirigé » et ne doit pas être laissé autonome.

6. *yin* : « Parler sans discontinuer » se rapporte à des sujets tellement sensibles qu'ils doivent être chuchotés.

32. La persistance

Lorsque la persistance réussit, il n'y a pas de blâme. Il est bénéfique d'être authentique. Cela vaut la peine d'aller quelque part.

JUGEMENT GLOBAL

La persistance signifie continuer pour un bon moment. La fermeté est au-dessus et la flexibilité est en dessous : le tonnerre et le vent forment une paire, cela signifie l'harmonie dans l'action ; fermeté et flexibilité se répondent constamment. Lorsque la persistance réussit, il n'y a pas de blâme ; c'est bénéfique à l'authenticité : cela signifie persister sur la bonne voie.

Le chemin du ciel et de la terre persiste à jamais

et ne parvient pas à une fin. Cela vaut la peine s'il y a quelque part où aller ; sur le point de parvenir à une fin, alors il y a un nouveau commencement. Aussi longtemps que le soleil et la lune possèdent le ciel, ils peuvent briller à jamais ; aussi longtemps que les quatre saisons se succèdent, ils peuvent à jamais inciter le développement. Quand les sages persistent sur leur voie, le monde entier évolue vers la plénitude. En observant ce en quoi ils persistent, les conditions de tous les êtres de l'univers peuvent être vues.

IMAGE

Le tonnerre et le vent persistent ; ainsi les personnes cultivées prennent leur position sans changer d'endroit.

COMPOSANTS

1. *yin*. La résolution dans la persistance extrême est malchanceuse ; aucun avantage n'est gagné. *Image*. La mauvaise fortune de la persistance extrême cherche la profondeur dès le commencement.

2. *yang*. Le regret disparaît. *Image*. Le regret disparaît ici pour le fort, qui est capable de persister dans un état d'équilibre centré.

3. *yang*. Si vous ne persistez pas dans la vertu, vous

pouvez pour cela attirer la disgrâce. Même si vous êtes sincère, vous serez humilié. *Image*. Si vous ne persistez pas dans la vertu, vous ne serez pas admis partout.

4. *yang*. Il n'y a pas de jeu dans les champs. *Image*. Si vous persistez dans la mauvaise direction, comment gagnerez-vous le jeu?

5. *yin*. Persistez dans cette vertu, la fidélité est auspicieuse pour une femme d'intérieur, une infortune pour un homme. *Image*. Pour une femme au foyer, la fidélité est auspicieuse; cela signifie suivre une chose jusqu'à la fin. Pour un homme accomplissant ses devoirs suivre le chemin de la femme au foyer est malchanceux.

6. *yin*. Si l'excitation persiste, c'est inauspicieux. *Image*. Quand l'excitation persiste dans l'exercice du pouvoir, absolument rien n'est accompli.

32. LA PERSISTANCE

Composants

5. *yin* : Ici, la « femme » signifie yin dans le sens de dévouement spontané, tandis que l'« homme » signifie yang, dans le sens d'une attention multiple. Les deux existent en chaque individu, mais sont plus efficaces lorsqu'ils sont utilisés à leur position appropriée et au moment opportun.

33. Le retrait

Si vous arrivez au succès grâce au retrait, si vous êtes petit, il est bénéfique de rester ferme et authentique.

JUGEMENT GLOBAL

Arriver au succès grâce au retrait signifie que vous vous retirez pour vaincre. La force est dans une position appropriée et elle répond, agissant en harmonie avec le temps. Si vous êtes petit, il est bénéfique de rester ferme et authentique, en ce sens de croître graduellement. Savoir quand se retirer est très important !

IMAGE

Sous le ciel il y a les montagnes, qui le trouvent inaccessible ; ainsi les personnes cultivées gardent les personnes médiocres à distance, sans dédain, mais avec dignité.

COMPOSANTS

1. *yin*. Comme la fin d'un retrait est dangereuse, ne va pas à dessein n'importe où. *Image*. Comment le danger à la fin d'un retrait pourrait-il être malfaisant si vous ne bougez pas ?

2. *yin*. Si vous liez quelque chose avec le cuir d'un

bœuf jaune, personne ne pourra le desserrer. *Image*.
Attacher avec du cuir de bœuf jaune montre une
volonté déterminée.

3. *yang*. Le retrait soucieux présente des problèmes et
des dangers. Prendre soin des assistants et des concubines est auspicieux. *Image*. Les dangers du retrait soucieux sont le trouble et l'épuisement. Prendre soin des
assistants et des concubines est auspicieux, mais pas
assez pour les grands travaux.

4. *yang*. Les personnes cultivées qui se retirent de la
bonne manière sont fortunées ; les personnes médiocres ne le sont pas. *Image*. Les personnes cultivées se
retirent de la bonne manière, les personnes médiocres
ne le font pas.

5. *yang*. Un retrait heureux est bénéfique s'il est
juste. *Image*. Un retrait heureux est bénéfique s'il est
juste, en ce sens qu'il est basé sur de bonnes intentions.

6. *yang*. Quand ceux qui sont devenus riches se retirent, personne ne manque d'en bénéficier. *Image*. Personne ne manque d'en bénéficier si ceux qui sont
devenus riches se retirent, parce qu'il n'y a pas de
suspicion.

34. Le pouvoir de la grandeur

Le pouvoir de la grandeur est bénéfique pour l'authentique.

Le pouvoir de la grandeur est puissant. Il est puissant à cause de l'action vigoureuse. Le pouvoir de la grandeur est bénéfique pour l'authenticité; il en est ainsi, si la grandeur est juste. Faites que la grandeur soit juste, et les conditions du ciel et de la terre pourront être observées.

IMAGE

Le tonnerre est dans le ciel, représentant le pouvoir de la grandeur. Quel que soit ce qui est impropre, les personnes cultivées évitent de le faire.

COMPOSANTS

1. *yang*. Quand la force se situe dans les pieds, il est infortuné de partir en expédition, bien que vous en ayez la conviction. *Image*. Quand la force est dans vos pieds, votre conviction s'usera.

2. *yang*. Il convient d'être droit et authentique. *Image*. La force dans cette position est auspicieuse parce qu'elle est droite et vraie, étant centrée et équilibrée.

3. *yang*. Quand les personnes médiocres s'exercent au pouvoir, les personnes cultivées disparaissent délibérément, fermes et vraies, appliquées dans le danger. Si le bélier butte dans les grillages, il coincera ses cornes. *Image*. Lorsque les petits hommes exercent le pouvoir, les personnes cultivées se cachent.

4. *yang*. Restez ferme et authentique, et vous serez fortuné et libre de regret. Si les grillages s'effacent, vous ne serez pas coincé. Le pouvoir au cœur d'un grand véhicule. *Image*. Quand les grillages s'effacent, et que vous n'êtes pas coincé, cela signifie qu'il est souhaitable d'avancer.

5. *yin*. Perdant simplement un bélier, vous n'avez pas de regret. *Image*. Quand vous perdez simplement un bélier, cela signifie que votre position n'est pas appropriée.

6. *yin*. Un bélier qui a foncé dans les grillages ne peut ni se retirer ni avancer. Aucun bénéfice n'est retiré. Si vous vous débattez dans les difficultés, vous serez fortuné. *Image*. L'incapacité de se retirer ou d'avancer signifie que vous n'avez pas veillé à penser les choses pleinement. Si vous vous débattez dans les difficultés, vous serez fortuné, dans la mesure où les fautes et les erreurs n'augmentent pas.

Composants

1. *yang* : « Quand la force se situe dans les pieds » signifie que la force motrice est impulsive, dans de tels cas « votre conviction s'usera » lorsque l'émotion s'apaisera.

5. *yin* : « Perdant simplement un bélier » signifie perdre l'énergie en devenant vaniteux.

35. Avancer

Avançant, un seigneur prospère offre des chevaux en abondance, et tient audience trois fois par jour.

JUGEMENT GLOBAL

Avancer signifie progresser, symbolisé par la lumière apparaissant sur la terre, obéissant docilement à la grande illumination. A travers la flexibilité, il y a progrès et mouvement vers le haut ; c'est pourquoi il dit qu'un seigneur prospère offre des chevaux en abondance et tient audience trois fois par jour.

IMAGE

La lumière apparaît sur la terre, s'avançant. Les personnes cultivées éclairent la vertu en la réfléchissant elles-mêmes.

1. *yin*. Avançant, sous le stress, il convient d'être ferme et authentique. S'il n'y a pas de confiance, soyez magnanime et il n'y aura pas de blâme. *Image*. S'avancer sous le stress signifie faire ce qui est juste en toute indépendance. Être magnanime et ne pas être blâmé se rapporte à la période précédant l'acceptation d'une mission.

2. *yin*. Avançant, portant le deuil, il est de bon augure d'être ferme et authentique. Cette grande bénédiction est reçue de la grand-mère. *Image*. Cette grande bénédiction est reçue en étant équilibré et droit.

3. *yin*. Quand le groupe approuve, le regret disparaît. *Image*. Viser ce qui est approuvé par un groupe fait progresser vers le haut.

4. *yang*. S'avancer comme un écureuil est dangereux si l'on persiste. *Image*. Il est dangereux d'être constamment comme un écureuil ; cela signifie ne pas être au bon emplacement.

5. *yin*. Quand le regret s'en va et que l'on gagne la confiance, pas d'inquiétudes ; il est de bon augure de continuer, car personne n'en tirera un profit. *Image*. Quand la confiance est gagnée, pas d'inquiétude, car si vous continuez vous serez heureux de ce que vous avez fait.

6. *yang*. Pointer les cornes en avançant est seulement

utilisé pour conquérir le centre stratégique ; c'est dangereux, mais tout va bien si l'on ne fait rien d'erroné. Il est embarrassant de persister. *Image.* Utiliser cette manière pour conquérir le centre stratégique ; c'est ainsi, quand la Voie ne s'est pas encore largement diffusée.

35. AVANCER

« Un seigneur prospère offre des chevaux en abondance. » Un chef bien en place qui ne monopolise pas le pouvoir, et dont les possessions se développent en abondance en partageant avec les autres.

Composants

2. *yin* : La « grand-mère » représente le cinquième trait yin de cet hexagramme.

4. *yang* : « Comme un écureuil » montre un mouvement erratique et inconstant, semblable à un sautillement de branche en branche.

6. *yang* : « Pointer les cornes en avançant est seulement utilisé pour conquérir le centre stratégique. » L'action agressive de rectification doit être seulement dirigée vers soi-même ou vers son propre domaine d'activité, selon les anciennes philosophies humanistes tels le Taoïsme et le Confucianisme originel, dans la mesure où il est impossible de corriger les autres sans se corriger soi-même. Il est de plus mentionné que la force grossière ne serait pas utile dans l'action parfaitement juste, parce que le charisme d'une véritable justice entrerait dans la dynamique de la situation tout entière.

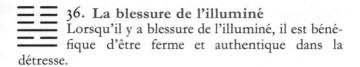

36. La blessure de l'illuminé

Lorsqu'il y a blessure de l'illuminé, il est bénéfique d'être ferme et authentique dans la
détresse.

JUGEMENT GLOBAL

L'illuminé va sous le sol, cela arrive parce qu'il est
blessé. Intérieurement raffiné et illuminé, bien qu'extérieurement doux et docile, il souffre par conséquent
de grandes difficultés et épreuves. Il est bénéfique
d'être ferme et authentique dans la détresse ; celle-ci
implique de dissimuler votre illumination, de mainte-
nir vos intentions droites en dépit des difficultés inté-
rieures.

IMAGE

La lumière pénétrant la terre symbolise la blessure
de l'illuminé. Lorsqu'elles traitent avec les masses, les
personnes cultivées sont délibérément discrètes, et
cependant illuminées.

COMPOSANTS

1. *yang*. Lorsque les éclairés sont blessés dans leur
vol, ils laissent pendre leurs ailes. Les personnes cultivées en voyage ne mangent pas pendant trois jours.
Lorsqu'il y a quelque part où aller, la personne en

charge prononce un dict. *Image*. Lorsque les personnes cultivées font un voyage, il est normal pour elles de ne point manger.

2. *yin*. Lorsque les éclairés sont blessés à la jambe gauche, ils ont besoin d'aide ; c'est auspicieux si les chevaux sont forts. *Image*. La chance du faible dans cet emplacement est d'avoir des modèles pratiques à suivre.

3. *yang*. Lorsque les êtres éclairés sont blessés et partent chasser vers le sud, même si l'on attrape les grands chefs, ils ne peuvent pas être corrigés rapidement. *Image*. L'objectif de la chasse vers le sud est une prise de pouvoir majeure.

4. *yin*. Transpercez le côté gauche du ventre, vous trouvez le cœur de la blessure de l'éclairé et vous cherchez à sortir hors de la maison. *Image*. Transpercer le côté gauche du ventre signifie trouver l'intention de l'esprit.

5. *yin*. Quand on est blessé à cause de l'illumination comme le juste de la maison corrompue, il est bénéfique d'être droit et authentique. *Image*. La droiture du juste de la maison corrompue réside dans le fait que cette illumination ne peut pas être stoppée.

6. *yin*. Lorsque l'on n'est pas éclairé, c'est l'obscurité. D'abord vous grimpez jusqu'au ciel, ensuite vous allez sous la terre. *Image*. Grimper d'abord au ciel

signifie éclairer les nations des quatre directions ;
ensuite, aller sous la terre signifie la perte de·la normalité.

37. Les personnes à la maison

Pour les personnes au foyer, il est bénéfique
que la femme soit chaste.

JUGEMENT GLOBAL

En ce qui concerne les personnes dans la maison, la
place correcte des femmes est à l'intérieur, tandis que
la place correcte des hommes est à l'extérieur. Pour les
hommes et les femmes être correct est d'importance
universelle. Les personnes à la maison ont des chefs
stricts, à savoir le père et la mère. Quand les pères
jouent le rôle de pères, les fils jouent le rôle de fils,
les frères aînés jouent le rôle de frères aînés, les frères
cadets le rôle de frère cadets, les maris jouent le rôle de
maris, et les épouses jouent le rôle d'épouses, alors la
voie de la famille est correcte. Rectifiez la famille, et le
monde sera en place.

IMAGE

Le vent venant du feu symbolise les personnes à la

maison. Les personnes cultivées parlent en se basant sur les faits et agissent de façon cohérente.

1. *yang*. Si l'on garde la maison que l'on possède, le regret disparaît. *Image*. Garder la maison que l'on possède signifie que votre aspiration n'a pas changé.

2. *yin*. Sans aller quelque part, restant à l'intérieur afin de fournir la nourriture, il est auspicieux d'être ferme et authentique. *Image*. Ce qui est auspicieux pour le faible dans cette position, c'est l'accord harmonieux.

3. *yang*. Quand les personnes à la maison sont strictes, il est auspicieux d'être consciencieux et diligent. Quand les femmes et les enfants sont frivoles, au bout du compte, c'est la honte. *Image*. Lorsque les personnes à la maison sont strictes, cela signifie qu'elles n'ont pas dévié. Quand les femmes et les enfants sont frivoles, cela signifie que le bon ordre du foyer est perdu.

4. *yin*. Enrichir la maison est très auspicieux. *Image*. Enrichir la maison est très auspicieux ; cela signifie que l'harmonie est à sa place.

5. *yang*. Lorsque le roi prend demeure, ne vous inquiétez pas, c'est auspicieux. *Image*. Le roi prend demeure signifie que les partenaires s'aiment l'un l'autre.

6. *yang.* S'il y a véracité, la majesté est auspicieuse, finalement. *Image.* Ce qui est auspicieux dans la majesté c'est l'examen de soi et l'amendement.

38. L'opposition

Lorsqu'il y a opposition, c'est auspicieux si c'est une petite affaire.

JUGEMENT GLOBAL

Dans l'opposition le feu se meut en montant et l'humidité se déplace en descendant; deux femmes vivent ensemble mais leurs volontés ne suivent pas le même chemin. S'attachant joyeusement à la lumière, la flexibilité progresse en montant, l'action atteint l'équilibre centré et répond à la force déterminée. C'est pourquoi c'est auspicieux s'il s'agit d'une petite affaire. Le ciel et la terre sont opposés, cependant leur activité est la même; les hommes et les femmes sont opposés, cependant leurs volontés communient. Tous les êtres sont différents, mais leurs inquiétudes sont semblables. L'emploi opportun de l'opposition est capital !

IMAGE

Le feu au-dessus et l'humidité en dessous symboli-

sent l'opposition. Les personnes cultivées sont semblables tout en étant distinctes.

1. *yang*. Le regret disparaît. Si vous perdez le cheval,
ne le pourchassez pas ; il reviendra de lui-même. Si
vous voyez de mauvaises personnes, vous serez sans
blâme. *Image*. Voir de mauvaises personnes signifie que
vous évitez ainsi l'erreur.

2. *yang*. Lorsque vous rencontrez le maître dans une
allée, il n'y a pas de blâme. *Image*. Quand vous rencontrez le maître dans une allée, cela signifie que vous
n'avez pas perdu la Voie.

3. *yin*. Ayant son véhicule tiré vers l'arrière et le
bœuf immobilisé, cette personne est punie par le ciel.
Bien qu'il n'y ait pas de commencement, il y aura une
conclusion. *Image*. Avoir son véhicule tiré vers l'arrière
signifie que la position n'est pas appropriée. Bien qu'il
n'y ait pas de commencement, il y aura une conclusion ; c'est ainsi, le rassemblement entre le ferme et le
fort.

4. *yang*. Lorsque vous êtes isolé par l'opposition, si
vous rencontrez de bonnes personnes, réagissez avec
authenticité, et vous serez irréprochable même dans le
danger. *Image*. L'irréprochabilité à travers l'interaction

authentique signifie que les objectifs sont rendus possibles par l'action préméditée.

5. *yin*. Le regret disparaît. Lorsque le clan a puni le sien, quel tort y aurait-il à avancer? *Image*. Lorsque le clan a puni le sien, on pourra avancer avec joie.

6. *yang*. Lorsque vous êtes isolé par l'opposition, vous voyez des cochons couverts de boue et un plein chariot de démons. Les arcs sont tendus puis finalement jetés à terre. Ce ne sont pas des ennemis mais des partenaires. En avançant, il est auspicieux de rencontrer la pluie. *Image*. La bonne fortune de rencontrer la pluie signifie que toutes sortes de doutes et de soupçons s'évanouissent.

39. L'arrêt

Dans l'obstruction le sud-ouest est avantageux, mais pas le nord-est. Il est souhaitable de voir de grands hommes. Il est de bon augure d'être ferme et authentique.

JUGEMENT GLOBAL

Arrêt signifie difficulté, le danger est devant. Être capable de s'arrêter en apercevant le danger c'est la sagesse. Dans l'obstruction, le sud-ouest est avantageux ; cela signifie avancer pour réaliser l'équilibre centré. Le nord-est n'est pas avantageux ; cela se réfère à un chemin qui mène dans une impasse. Il est souhaitable de voir de grands hommes, en ce sens que quelque chose est accompli en allant à eux. Lorsque l'on est dans la position appropriée, il est de bon augure d'être ferme et authentique, et ainsi de redresser la nation. L'emploi opportun de l'hésitation est très important !

IMAGE

L'eau est au-dessus de la montagne ; arrêt. Les personnes cultivées développent les vertus par l'examen de soi.

COMPOSANTS

1. *yin*. Quand l'avance est stoppée, l'arrivée est attendue. *Image*. Quand l'avance est stoppée, l'arrivée est attendue, cela signifie qu'il vaut mieux attendre le moment opportun.

2. *yin*. Quand les rois et les ministres hésitent devant les difficultés, ce n'est pas pour des raisons personnelles. *Image*. Quand les rois et les ministres hésitent devant les difficultés, ultimement cela ne fait pas de différence.

3. *yang*. Quand l'avance est stoppée, rebroussez

chemin. *Image*. Quand l'avance est stoppée, revenez en arrière ; ceux de la maison seront ravis.

4. *yin*. Quand l'avance est stoppée, venez accompagné. *Image*. Quand l'avance est stoppée, venez accompagné, ainsi la position sera accomplie.

5. *yang*. A la halte principale, les amis arrivent. *Image*. A la halte principale, les amis arrivent avec équilibre et modération.

6. *yin*. Quand l'avance est stoppée, l'arrivée est capitale. Il est souhaitable de voir de grands hommes. *Image*. Quand l'avance est stoppée, l'arrivée est capitale ; cela signifie que la volonté est inhérente. Il est souhaitable de voir de grands hommes, pour suivre ce qui est noble et digne.

39. L'ARRÊT

« Dans l'obstruction le sud-ouest est avantageux, mais pas le nord-est. Il est souhaitable de voir de grands hommes. Il est de bon augure d'être ferme et authentique. » La direction du sud-ouest est associée aux qualités de réceptivité et d'harmonie, la quiétude et l'ouverture ; le nord-ouest est associé à l'obstruction et la pollution de l'énergie. L'important est que devant l'obstruction causée par un obstacle, il est bénéfique de rester dans un état équilibré et alerte et de ne pas tomber dans la passivité engourdie et l'inhibition ; ainsi il sera possible de surmonter les obstacles et de résoudre l'obstruction.

☰☵ 40. La solution

Pour la solution, on se tourne avec profit vers le sud-ouest. Sans être allé nulle part, le retour est auspicieux. Si l'on doit aller quelque part, il est de bon augure d'être en avance.

JUGEMENT GLOBAL

La solution implique l'action motivée par le danger, donc d'agir pour échapper au danger. Pour la solution, on se tourne avec profit vers le sud-ouest, cela signifie qu'en avançant ainsi on se rallie les gens. Sans être allé nulle part, le retour est auspicieux ; cela exprime l'acquisition d'un équilibre centré. Si l'on doit aller quelque part, il est de bon augure d'être en avance ; cela signifie qu'il y a quelque chose à accomplir en avançant. La détermination du ciel et de la terre fait qu'il tonne et se met à pleuvoir. Quand il tonne et se met à pleuvoir, les pousses des plantes et arbres fruitiers perdent leurs feuilles. Le temps de la solution est très important !

IMAGE

Le tonnerre et la pluie symbolisent la solution. Ainsi les personnes cultivées pardonnent les erreurs et gracient les torts.

1. *yin*. Soyez impeccable. *Image*. Quand la fermeté et la flexibilité se rencontrent, il est adéquat d'être impeccable.

2. *yang*. Attraper trois renards lors d'une chasse, trouver une flèche en or, vous serez fortuné en étant droit et authentique. *Image*. Dans cette position, le fort sera fortuné s'il est droit et authentique, en ce sens de suivre la voie de l'équilibre centré.

3. *yin*. Étant indépendant et cependant opportuniste, on l'emporte sur les ennemis; il est honteux de persister. *Image*. Être indépendant et cependant opportuniste est en effet honteux. Si vous amenez l'agression sur vous et par vous seul, qui d'autre doit-on blâmer?

4. *yang*. Quand vous sortez votre gros orteil, les amis avec sincérité. *Image*. Sortir son gros orteil montre que vous n'êtes pas dans la bonne position.

5. *yin*. Ce sont les personnes cultivées qui trouvent la solution qui convient. Elles sont sincères envers les personnes ordinaires. *Image*. Lorsque les personnes cultivées ont une solution, les personnes ordinaires reculent d'un pas.

6. *yin*. Un seigneur tire délibérément un faucon perché sur un mur élevé; tous en bénéficieront. *Image*. Un seigneur tirant délibérément sur un faucon indique la résolution d'un conflit.

Pour la phrase : « on se tourne avec profit vers le sud-ouest » voir la note de l'hexagramme 39.

Composants

2. *yang* : « Trois renards » représentent les trois traits yin du dessus dans cet hexagramme

« Attraper trois renards » signifie conduire ceux qui sont de haut rang, mais d'une faible capacité.

4. *yang* : Quand on vous « enlève votre gros orteil » cela signifie que vous n'êtes ni véhément, ni agressif.

41. La diminution

La diminution est très auspicieuse et sans blâme si elle est authentique. Il est approprié d'être ferme et droit. Il est souhaitable d'aller quelque part. Que doit-on utiliser ? Deux bols peuvent être employés pour la cérémonie.

JUGEMENT GLOBAL

La diminution signifie réduire l'inférieur pour augmenter le supérieur, dans un mouvement ascendant. S'il y a authenticité de la diminution, c'est très auspicieux et irréprochable. Il est bien d'être ferme et droit, et il est avantageux d'avoir un endroit où aller. Que doit-on utiliser ? Deux bols peuvent être utilisés

pour la cérémonie. Les deux bols doivent être para-
métrés convenablement de façon opportune : la diminution de la fermeté et l'augmentation de la flexibilité
ont leur propre période, la diminution et l'augmentation, le remplissage et le vide, suivent le cours du
temps.

IMAGE

Il y a un lac sous une montagne, symbolisant la
diminution. Ainsi les personnes cultivées éliminent le
courroux et enrayent la cupidité.

COMPOSANTS

1. *yang*. Concluez vos affaires, avancez immédiatement, et il n'y aura pas de blâme ; mais évaluez bien
cela avant de le diminuer. *Image*. Conclure vos affaires
et avancer immédiatement signifie rallier des buts plus
élevés.

2. *yang*. Il est bénéfique d'être ferme et authentique,
mais il serait infortuné de monter une expédition. Ne
diminuez pas, mais augmentez cela. *Image*. Pour le fort
dans cette position, il est bénéfique d'être ferme et
authentique, et ceci doit être pris comme objectif.

3. *yin*. Lorsque trois personnes voyagent, elles se
réduisent à une personne. Une personne en voyage

rencontre une bonne compagnie. *Image*. Lorsque l'on agit comme un individu, le groupe est suspicieux.

4. *yin*. Réduisez la maladie en provoquant l'allégresse spontanée, il n'y a pas de problème. *Image*. Si vous réduisez la maladie, c'est en effet quelque chose qui porte à se réjouir.

5. *yin*. Si l'on reçoit dix paires de tortues, personne ne s'y opposera. Beaucoup de chance. *Image*. La grande fortune du faible à cette position c'est l'aide reçue d'en haut.

6. *yang*. Ne diminuez pas, mais augmentez cela. Il n'y aura pas de blâme. Il est de bon augure d'être ferme et authentique. Il est bénéfique de savoir où aller ; vous trouvez des assistants mais n'avez pas de maison. *Image*. Ne diminuez pas, mais augmentez ceci, cela indique la pleine réalisation de votre objectif.

41. LA DIMINUTION

Les « deux bols » représentent les deux modes yang et yin, le plein et le vide, l'activité et la passivité.

Composants

5. *yin* : « Dix paires de tortues. » Les tortues étaient considérées comme très précieuses à la fois pour leur chair et leur carapace ; les dix paires peuvent être utilisées pour l'élevage et fournir ainsi une nouvelle source de revenus. Par conséquent

dix paires de tortues représentent d'opulentes ressources, avec l'aide d'en haut.

42. L'augmentation

Il est utile d'augmenter si l'on va quelque part. Cela vaut la peine de traverser de grandes rivières.

JUGEMENT GLOBAL

Augmenter signifie diminuer le plus élevé pour augmenter l'inférieur ; la joie du peuple est sans bornes. Descendre du supérieur à l'inférieur, cette trajectoire est très lumineuse. Il est utile d'aller quelque part, cela signifie qu'il y aura du bonheur si vous êtes équilibré et droit. Cela vaut la peine de traverser de grandes rivières, cela signifie que le chemin de l'action harmonieuse est exprimé. L'augmentation est active, de façon harmonieuse, progressant jour après jour, sans servitude. Tout comme le ciel dépense et la terre produit, leur augmentation est universelle. Dans tous les cas, le chemin de l'augmentation suit le cours du temps.

IMAGE

Le vent et le tonnerre symbolisent l'augmentation.

Quand les personnes cultivées voient le bien, elles y adhèrent ; et quand elles ont fait une erreur, elles la corrigent.

COMPOSANTS

1. *yang.* Quand on doit entreprendre des travaux importants, s'ils sont très propices il n'y a pas de problème. *Image.* Il n'y a pas de problème si les travaux sont très propices, cela signifie que les subordonnés ne sont pas oubliés.

2. *yin.* Si l'on reçoit dix paires de tortues, personne ne s'y opposera. Il est auspicieux d'être éternellement ferme et authentique. Il est auspicieux pour le roi de faire intentionnellement des offrandes à Dieu. *Image.* Cette chose donnée signifie qu'elle vient de l'extérieur.

3. *yin.* Il n'y a pas de blâme à utiliser des événements malheureux pour s'améliorer. Soyez sincère et équilibré dans votre conduite ; lorsque vous faites des déclarations aux seigneurs, utilisez un symbole d'autorité. *Image.* Utiliser des événements malheureux pour s'améliorer est quelque chose qui a toujours existé.

4. *yin.* La conduite équilibrée exprimée publiquement est soutenue. C'est un avantage de se servir d'un soutien pour faire bouger la patrie. *Image.* Ce que le public suivra lorsqu'elle sera exprimée, c'est la volonté d'aider à faire des améliorations bénéfiques.

5. yang. Posséder la sincérité est une bénédiction pour le cœur, sans aucun doute. Très auspicieux. Posséder la sincérité nous exalte avec les récompenses de la vertu. *Image.* Posséder la sincérité est une bénédiction pour le cœur, ne remettez pas cela en question. Posséder la sincérité nous exalte avec les récompenses de la vertu, réalisation majeure des objectifs souhaités.

6. yang. N'augmentez pas quelque chose si fort qu'il puisse être attaqué ; une fois que vous avez fixé votre esprit sur quelque chose, ne soyez pas si opiniâtre que cela mène à l'infortune. *Image.* Dire que quelque chose ne doit pas être augmenté se réfère généralement à la partialité ; dire que cela peut être attaqué se réfère à ce qui vient de l'extérieur.

42. L'AUGMENTATION
Composants

2. yin : Pour « dix paires de tortues », voir la note de l'hexagramme 41.

« Il est auspicieux pour le roi de faire intentionnellement des offrandes à Dieu. » Ceux qui obtinrent le succès doivent être reconnaissants pour l'aide qu'ils reçoivent, et s'abstenir de s'attribuer leur succès uniquement à eux-mêmes ; c'est auspicieux pour eux parce qu'ils évitent de cette façon des catastrophes potentielles et de devenir vaniteux.

43. Être résolu

La résolution est amenée devant la cour du roi. Le chagrin est sincère devant l'existence du danger. Occupez-vous de votre propre domaine. Il n'est pas avantageux de partir en guerre. Il est avantageux d'aller quelque part.

JUGEMENT GLOBAL

Être résolu signifie faire la distinction, la force se sépare de la faiblesse. Cela implique d'être puissant mais de rester cependant agréable, déterminé, mais cependant harmonieux. Être amené devant la cour du roi, cela indique une situation dans laquelle la faiblesse chevauche cinq fois la force. S'il y a un chagrin sincère devant l'existence du danger, cette prudence diminue la luminosité. Occupez-vous de votre propre domaine; vous ne tirerez pas un profit de partir en guerre, car ce choix vous mènerait à une situation désespérée. Il est avantageux d'aller quelque part, car la croissance de la force ira à son terme.

IMAGE

L'eau s'élevant dans le ciel symbolise l'enlèvement. Les personnes cultivées distribuent leurs richesses pour atteindre leurs inférieurs, mais s'ils sont fiers de leur vertu, ils sont cependant contrariés.

COMPOSANTS

1. *yang*. Avançant un pied devant l'autre avec force, continuer sans succès n'est pas exempt de reproche. *Image*. Continuer sans compétence est coupable.

2. *yang*. Lorsque l'on est prudent et alerte, même s'il y a des assaillants pendant la nuit, il n'y a pas de souci. *Image*. Il n'y a pas de souci même s'il y a des assaillants, lorsque vous avez atteint une voie équilibrée.

3. *yang*. La vigueur exprimée par le visage peut être infortunée. Les personnes cultivées voyagent délibérément seules; elles rencontrent la pluie, si elles se mouillent il y aura de l'agacement mais pas de blâme. *Image*. Si les personnes cultivées agissent délibérément, c'est finalement irréprochable.

4. *yang*. Lorsqu'il n'y a pas de chair sur les fesses, la démarche est heurtée. Conduisez un mouton au bout d'une corde et les regrets s'en vont. On peut entendre des propos sans y croire. *Image*. Dire que la démarche est heurtée signifie que la position n'est pas appropriée. Dire que l'on entend des mots sans y croire signifie que l'ouïe n'est pas bonne.

5. *yang*. Agréable mais cependant résolu, le comportement équilibré est sans blâme. *Image*. Quand le comportement équilibré n'est pas blâmé, l'équilibre n'est pas encore glorifié.

6. *yin*. Sans une alerte, il y a infortune à la fin.

Image. L'infortune de n'avoir pas été alerté est qu'en définitive on est incapable de continuer plus avant.

43. ÊTRE RÉSOLU
Composants

3. *yang* : La « vigueur du visage » signifie l'expression d'une émotion.

44. La réunion
Dans la rencontre, si la femme est forte, n'essayez pas de la marier.

JUGEMENT GLOBAL

Une réunion est une rencontre, le doux rencontre le dur ; ils ne doivent pas essayer de se marier, parce qu'ils ne peuvent pas tenir ensemble. Quand le ciel et la terre se rencontrent, les choses et les êtres apparaissent. Quand la fermeté rencontre l'équilibre et la rectitude, le monde entier fonctionne bien. Le choix du moment opportun est très important dans la rencontre !

IMAGE

Il y a le vent sous le ciel, symbolisant la réunion.

Ainsi les chefs donnent des instructions pour l'annoncer aux quatre directions.

COMPOSANTS

1. *yin*. Utilisant un frein métallique, il est de bon augure d'être ferme et authentique. Si vous allez quelque part, vous verrez l'infortune ; un cochon famélique bondit pour de bon. *Image*. Vous utilisez un frein métallique lorsque vous êtes entraîné par la faiblesse.

2. *yang*. Quand le poisson est dans la nasse, il n'y a pas de problème, mais cela ne profite pas à l'invité. *Image*. Avoir un poisson dans la nasse se réfère à une obligation qui ne s'étend pas aux invités.

3. *yang*. Quand il n'y a pas de chair sur les fesses, la démarche est heurtée. Remuez-vous en un effort plus grand encore, et il n'y aura pas de problème majeur. *Image*. Le fait que la démarche soit heurtée signifie que le comportement est encore versatile.

4. *yang*. Ne pas avoir de poisson dans la nasse est cause d'infortune. *Image*. L'infortune de ne pas avoir de poisson se réfère à la dispersion des gens.

5. *yang*. Envelopper un melon avec l'osier en cache la beauté. Cela descend du ciel. *Image*. Pour le fort placé dans cette position dissimuler la beauté signifie être équilibré et droit. Descendre du ciel

signifie être déterminé à ne pas abandonner sa destinée.

6. *yang*. Rencontrer des cornes est honteux, mais il n'y a pas de blâme. *Image*. Rencontrer des cornes, c'est la honte de la lassitude au sommet.

44. LA RÉUNION
Composants
I. *yin* : Le « cochon famélique » symbolise quelqu'un dans le désespoir.

45. Le rassemblement

Le rassemblement conduit au succès ; le roi part en pèlerinage à son oratoire. Cela vaut la peine de voir de grands hommes pour atteindre le succès. Il est bénéfique d'être authentique. Il est de bon augure de faire un grand sacrifice. Il est utile d'aller quelque part.

JUGEMENT GLOBAL

Le rassemblement, c'est une assemblée. Harmonieux et agréable, la force est équilibrée et réactive ; ainsi un rassemblement se constitue. Le pèlerinage du roi à son oratoire exprime l'accomplissement de la piété filiale. Il est utile de voir de grands hommes pour atteindre le succès, en ce sens de se rassembler autour de ce qui est juste ; il est donc bénéfique d'être authentique. Il est de bon augure de faire un grand sacrifice, et il est avantageux d'aller quelque part ; cela implique de suivre la direction du ciel. Observez le centre de leurs rassemblements, et les conditions de tous les êtres pourront être perçues.

IMAGE

L'humidité s'élève au sommet de la terre ; rassemblement. Les personnes cultivées utilisent des armes défensives pour se préparer à l'inattendu.

COMPOSANTS

1. *yin*. Lorsque la sincérité ne dure pas jusqu'à la fin, il y a le chaos et l'agression. Lorsque vous pleurez, une partie en vous rigole. Ne vous inquiétez pas ; si vous avancez, il n'y aura pas de problème. *Image*. Le chaos et l'agression signifient que leurs esprits sont confus.

2. *yin*. Attirez la bonne fortune, et il n'y aura pas de problème. Si vous êtes sincère, il est utile d'employer une cérémonie. *Image*. Il n'y a pas de problème si vous attirez la bonne fortune, parce que cela signifie qu'il n'y a pas eu de changement dans l'équilibre centré.

3. *yin.* Quand le rassemblement et les lamentations vont ensemble, personne n'en tire profit. Avancez, et il n'y aura pas de blâme, seulement un petit empêchement. *Image.* Allez, et il n'y aura pas de blâme, tant qu'il y aura accord au-dessus.

4. *yang.* La grande fortune n'est pas blâmable. *Image.* Quand il n'y a pas de blâme seulement parce qu'il y a bonne fortune, cela signifie que la position n'est pas appropriée.

5. *yang.* Quand ils sont assemblés autour du détenteur de la lignée, personne ne blâme celui qui manque de sincérité. Si la base est toujours authentique, le regret disparaît. *Image.* S'assembler autour du détenteur de la lignée signifie que votre aspiration n'est pas encore vaste.

6. *yin.* Pleurant et reniflant sans retenue, il n'y a pas de blâme. *Image.* Pleurant et reniflant sans retenue signifie que l'on est anxieux, au sommet.

≡≡ 46. L'élévation

L'élévation est une grande réussite ; de cette manière, vous verrez de grands hommes, ne vous inquiétez donc pas. Une expédition vers le sud est de bon augure.

La flexibilité est opportune, et vous vous élevez. Harmonieux et réceptif, répondant avec la force en équilibre, c'est la voie du grand succès. De cette manière, vous verrez de grands hommes, ne vous inquiétez donc pas ; c'est ainsi, il y aura félicité. Une expédition vers le sud est de bon augure, cela signifie que votre objectif est soutenu.

IMAGE

Les arbres croissent dans la terre, s'élevant. Donc en étant attentif aux vertus, les personnes cultivées élèvent le petit vers la grandeur.

COMPOSANTS

1. *yin*. S'élever par l'authenticité est très auspicieux. *Image*. S'élever par l'authenticité est très auspicieux ; cela indique un rassemblement plus élevé des esprits.

2. *yang*. Si vous êtes sincère, alors il est utile d'utiliser une cérémonie, donc il n'y a pas de blâme. *Image*. Quand le fort est sincère, à cette position, c'est la joie.

3. *yang*. S'élever dans un royaume vide. *Image*. S'élever dans un royaume vide signifie qu'il n'y a rien qui vous fasse hésiter.

4. *yin*. Lorsque le roi fait des offrandes sur la montagne, si la bonne fortune est présente, il n'y a pas de

blâme. *Image*. Le roi effectuant des offrandes sur la montagne signifie : faire ce que l'on a à faire.

5. *yin*. La fermeté est de bon augure ; gravissez les marches. *Image*. La fermeté est de bon augure ; gravissez les marches : cela signifie accomplir pleinement son objectif.

6. *yin*. S'élever dans l'inconnu bénéficie de la fermeté infinie. *Image*. Quand on s'élève dans l'inconnu, si vous vous effacez au sommet, vous ne prospérerez pas.

46. L'ÉLÉVATION

« Une expédition vers le sud est de bon augure » : la direction australe est associée au feu, qui symbolise la perception, la conscience, et l'intelligence.

Composants

2. *yang* : « il est utile d'utiliser une cérémonie » signifie simplement être courtois.

47. L'épuisement

Épuisés, mais progressant cependant avec succès, les grands hommes déterminés et authentiques sont fortunés et sans reproches. Ce sont des paroles qui ne sont jamais crues.

JUGEMENT GLOBAL

Dans l'épuisement, la force est dissimulée. Il semble que seules les personnes cultivées peuvent être joyeuses même dans les ravins et, sans perdre leur chemin, avancer avec succès. Les grands hommes fermes et authentiques sont fortunés, parce que leur force est équilibrée. Les paroles qui ne sont jamais crues, signifient que vous arriverez à une impasse si vous misez sur le bavardage.

IMAGE

Un lac sans eau symbolise l'épuisement. Les personnes cultivées accomplissent leurs buts en exprimant leur destin.

COMPOSANTS

1. *yin*. Épuisé, assis sur une souche d'arbre, parti dans une sombre vallée, on ne vous voit plus pendant trois années. *Image*. Être parti dans une sombre vallée signifie que l'obscurité est là, manquant de clarté.

2. *yang*. A bout de nourriture et de boisson, le vêtement royal vient alors ; il est utile d'effectuer à dessein une cérémonie d'offrandes. L'infortune de l'expédition militaire est sans reproche. *Image*. Être à bout de nourriture et de boisson signifie avoir au cœur l'exaltation radieuse.

3. *yin*. Épuisé sur le rocher, se reposant sur des ronces, rentrer dans sa chambre et ne pas voir son épouse, c'est l'infortune. *Image*. Se reposer sur des ronces signifie chevaucher l'opiniâtreté. Rentrer dans sa chambre et ne pas voir son épouse est de mauvais augure.

4. *yang*. Arriver lentement, épuisé, dans un chariot d'or, c'est embarrassant, mais il y a une conclusion. *Image*. Arriver lentement signifie que l'ambition s'est posée sur quelque chose d'inférieur. Bien qu'on ne soit pas à la bonne position, il y a association.

5. *yang*. Nez et pieds coupés, épuisé dans sa robe royale. Graduellement arrive la joie. Il est utile d'effectuer des offrandes rituelles. *Image*. Avoir le nez et les pieds coupés signifie que les ambitions n'ont pas été atteintes. Après cela, la joie arrive graduellement; c'est ainsi, si vous êtes équilibré et direct. Il est utile d'effectuer des offrandes rituelles, pour recevoir les bénédictions.

6. *yin*. Épuisé, dans les enchevêtrements de situations incertaines, il y aura regret si l'on pense que l'action apportera le regret. Il est de bon augure d'avancer. *Image*. Être épuisé, dans les enchevêtrements, c'est ne pas avoir encore maîtrisé ce qui est devant vous. Qu'il y ait regret si l'on pense que l'action apportera le regret signifie que la bonne fortune est opérationnelle.

Composants

    2. *yang* : Le « vêtement royal » symbolise l'ennoblissement.

    4. *yang* : L'« or » symbolise le mode yang.

48. Le puits

Lorsqu'il y a un puits, changer de village ne change pas le puits. Il n'y a ni perte ni gain. Il y a des allées et venues, mais le puits reste un puits. On l'atteint presque, mais il n'y a pas encore assez de corde pour tirer l'eau du puits. Casser le seau est infortuné.

JUGEMENT GLOBAL

Le vent sous l'eau, élevant cette eau, symbolise un puits. Un puits étanche la soif sans jamais s'épuiser. Changer de village ne change pas le puits ; cela signifie agir avec la force déterminée et l'équilibre centré. Ne rien gagner et ne rien perdre, quelles que soient les allées et venues, un puits est un puits. On l'atteint presque, mais il n'y a pas encore assez de corde pour tirer l'eau du puits ; cela se réfère au fait que l'on n'a pas encore réussi quelque chose. Briser le sceau se réfère à la manière dont l'infortune se manifeste.

L'eau par-dessus le bois symbolise un puits. Les personnes cultivées encouragent la réciprocité en réconfortant le peuple.

COMPOSANTS

1. *yin*. La boue du puits n'est pas bue. Près d'un puits abandonné il n'y a pas de bêtes. *Image*. La boue du puits n'est pas bue, car elle est au fond. Qu'il n'y ait point de bêtes près d'un puits abandonné signifie être délaissé depuis des lustres.

2. *yang*. Les profondeurs du puits fournissent bien assez pour un vairon ; le pot est cassé et fuit. *Image*. Les profondeurs du puits fournissent bien assez pour un vairon signifie que l'on n'a pas d'associés.

3. *yang*. Quand un puits est purifié mais n'est pas utilisé, cela fait mal au cœur. Il peut rendre service, et quand le souverain comprendra, tous recevront ses bénédictions. *Image*. Quand une source est clarifiée mais n'est pas utilisée cela signifie que les étapes pratiques sont un souci permanent. Chercher la compréhension du souverain équivaut à recevoir des bénédictions.

4. *yin*. Quand un puits est couvert de tuiles il n'y a pas de problème. *Image*. Quand un puits est couvert de tuiles il n'y a pas de problèmes ; cela veut dire : réparer le puits.

5. *yang*. Quand un puits est pur, sa source fraîche est utilisée. *Image*. S'approvisionner à sa source fraîche signifie être équilibré et droit.

6. *yin*. Pendant qu'on puise au puits, on ne le couvre pas. L'authenticité est très auspicieuse. *Image*. La grande fortune est une réalisation majeure au sommet.

☲ 49. Le changement

Le changement devient réel le jour où il est effectif. Pour la grande réussite, il est avantageux d'être droit et authentique ; alors le regret disparaît.

JUGEMENT GLOBAL

Le changement est symbolisé par l'eau et le feu s'éteignant et se dissipant l'un l'autre. Deux femmes vivent ensemble mais leurs oppositions représentent le changement. Le changement devient réel le jour où il est effectif ; quand le changement s'est vraiment déroulé, alors on y croit. Quand il est cultivé et agréable, il réussit parce qu'il est juste, alors le changement est approprié, puis le regret disparaît. Comme le ciel et la terre changent, les quatre saisons se succèdent. Lorsque les souverains antiques changeaient l'ordre social, ils suivaient la Nature et répliquaient à l'humanité. L'opportunité du changement est très importante !

IMAGE

Il y a le feu dans le lac, symbolisant le changement. Les personnes cultivées définissent clairement les saisons en élaborant des calendriers.

COMPOSANTS

1. *yang*. Cachez-vous dans un bœuf jaune pour acquérir une solide stabilité. *Image*. Se cacher dans un bœuf jaune pour acquérir une solide stabilité ; c'est ainsi, lorsqu'il est inapproprié de faire quoi que ce soit.

2. *yin*. En une journée c'est accompli, alors vous avez changé quelque chose. Il est de bon augure d'avancer ; il n'y aura pas de problème. *Image*. En une journée c'est accompli, la mise en œuvre du changement est digne d'éloges.

3. *yang*. Quand une expédition tourne mal, il est dangereux de persister. Lorsqu'on réussit à parler trois fois du changement, alors ce doit être vrai. *Image*. Lorsqu'on réussit à parler trois fois du changement, alors où doit-on aller ?

4. *yang*. Quand le regret disparaît et qu'on est digne de confiance, une révolution est de bon augure. *Image*.

Ce qui est de bon augure dans une révolution, c'est la confiance en ses visées.

5. *yang*. Les grands hommes sont changeants comme des tigres. Ils ont la certitude sans la querelle. *Image*. Les grands hommes changeants comme des tigres signifie que leurs comportements sont clairement mis en évidence.

6. *yin*. Les personnes cultivées sont changeantes comme les léopards ; les personnes ordinaires changent leur apparence extérieure. Quand une expédition tourne mal, il est de bon augure d'endurer avec détermination. *Image*. Le fait que les personnes cultivées se meuvent comme des léopards signifie que leurs comportements sont complexes. Le changement extérieur des personnes ordinaires signifie qu'elles se conforment aux chefs qu'elles suivent.

49. LE CHANGEMENT
Composants
1. *yang* : « Se cacher dans un bœuf jaune » signifie être fermé, centré et taciturne.

 50. Le chaudron
Le chaudron symbolise la grande fortune et le succès.

Le chaudron est un symbole utilisant le bois, le vent, et le feu pour cuisiner à la perfection. Les sages cuisent pour faire des offrandes à Dieu, et leur plus grande offrande est effectuée en nourrissant la sagesse. Pénétrants, l'œil et l'oreille clairs, réalisant des progrès ascendants, équilibrés dans l'action et coopérant avec le fort : c'est la voie du grand succès.

IMAGE

Il y a le feu sur le bois, symbolisant un chaudron. Les personnes cultivées établissent leurs vies dans la position adéquate.

COMPOSANTS

1. *yin*. Lorsqu'un chaudron s'est renversé sur sa base, cela facilite l'abandon de n'importe quoi de mauvais. Lorsqu'on prend une concubine, aussi longtemps qu'elle garde son fils, il n'y a pas de blâme. *Image*. Quand un chaudron est renversé sur sa base, ce n'est pas nécessairement mauvais ; cela facilite l'abandon de n'importe quoi de mauvais, en faveur de quelque chose de plus utile.

2. *yang*. Quand il y a quelque contenu dans le chaudron, si mes adversaires se piquent de jalousie, c'est très fortuné si cela ne m'affecte pas. *Image*. La présence

d'une substance dans le chaudron implique la prudence sur le choix de la destination. Si mon adversaire se pique de jalousie, nous ne serons plus jamais en termes intimes.

3. *yang.* Quand les poignées du chaudron sont changées, son fonctionnement est altéré ; le faisan dodu n'est pas mangé. Quand il se met à pleuvoir, cela diminue le regret, et finalement la bonne fortune est là. *Image.* Le changement des poignées du chaudron signifie l'échec dans ses obligations.

4. *yang.* Quand les pieds du chaudron cassent, renversant le repas du seigneur, la punition est sévère ; mauvaise fortune. *Image.* Renverser le repas du seigneur signifie que la confiance est mise en question.

5. *yin.* Quand un chaudron a des poignées d'or et une anse de jade, il sert le droit et l'authenticité. *Image.* Les boutons d'or sur un chaudron représentent l'utilisation de l'équilibre centré pour réaliser l'accomplissement.

6. *yang.* Une anse de jade sur un chaudron est très auspicieuse, profitant à tous ceux qui sont autour. *Image.* L'anse de jade est sur le dessus ; cela indique la jonction de la fermeté et de la flexibilité.

50. LE CHAUDRON
Composants

1. *yin* : « Lorsqu'on prend une concubine, aussi longtemps

qu'elle garde son fils, il n'y a pas de blâme. » Lorsqu'on prend des mesures en dernier ressort, si elles accomplissent le but recherché, alors elles sont considérées comme suffisamment efficaces.

3. *yang* : Le « faisan dodu » représente la bonne chère, le niveau de vie élevé. « Quand il se met à pleuvoir » signifie que le yang est adouci par le yin.

5. *yin* : Ici l'« or » symbolise l'équilibre centré (par l'association avec la couleur jaune), tandis que le « jade » symbolise la flexibilité et la fraîcheur.

6. *yang* : Une « anse de jade » représente le yin ; une image yin dans un élément yang représente la combinaison de yin et yang, la Voie : par conséquent cette combinaison est très auspicieuse tout autour.

䷲ 51. Le tonnerre

Le tonnerre signifie avancer avec succès : quand le tonnerre survient c'est l'alerte, puis la gaieté des propos rieurs. Le tonnerre causant la surprise sur des centaines de lieues ne provoque pas la perte de la dévotion appliquée.

JUGEMENT GLOBAL

Le tonnerre veut dire avancer avec succès : quand le tonnerre survient c'est l'alerte, cela signifie que la peur apporte la bonne fortune ; puis la gaieté des propos rieurs, signifiant qu'après cela il y a un certain comportement. Le tonnerre cause la surprise sur des centaines de lieues ; il fait sursauter ceux qui sont loin et il effraie ceux qui sont proches. Par la dévotion appliquée il est possible de sauvegarder l'héritage et le pays, donc de prendre part dans le rôle du gouvernement sacré.

IMAGE

Les coups de tonnerre répétés créent l'agitation. Les personnes cultivées pratiquent l'introspection avec empressement et effroi.

COMPOSANTS

1. *yang*. Quand le tonnerre survient c'est l'effroyable alerte ; c'est auspicieux si l'on entend ensuite des propos rieurs. *Image*. Quand le tonnerre survient c'est l'effroyable alerte, la peur peut apporter la fortune. Les conversations rieuses signifient qu'après, un exemple est proposé.

2. *yin*. L'arrivée du tonnerre est dangereuse. Vous vous souvenez de la perte d'un trésor, vous grimpez en haut des neuf collines, mais vous ne devriez pas poursuivre, parce que vous le retrouverez dans sept jours. *Image*. Le danger de la venue du tonnerre signifie chevaucher l'inflexibilité.

3. *yin*. Quand le tonnerre est affaibli, agitez-vous au

cœur de l'action et il n'y aura pas de faute. *Image*. Le tonnerre est affaibli signifie que l'on est dans une position inappropriée.

4. *yang*. Le tonnerre s'embourbe. *Image*. Le tonnerre s'embourbe signifie que l'on n'a pas atteint le succès.

5. *yin*. Le tonnerre allant et venant est dangereux. Souvenez-vous qu'il n'y a pas de perte, et qu'il y a quelque chose à faire. *Image*. Le danger du tonnerre allant et venant signifie agir sous la menace. La chose à faire est de rester équilibré au centre ; alors il n'y aura pas de perte.

6. *yin*. Le tonnerre s'estompe, le regard fluctue, l'expédition tourne mal. Lorsque le tonnerre n'affecte pas l'individu, mais affecte le voisinage, il n'y a pas de blâme. Si une association est formée, il y a discussion. *Image*. Le tonnerre s'estompant signifie que l'équilibre centré n'a pas été atteint. En dépit d' un pressentiment, il n'y a pas de blâme, parce que la leçon subie par les voisins nous emplit de crainte.

51. LE TONNERRE
Composants

2. *yin* : « Vous grimpez en haut des neuf collines ». Le nombre 9 symbolise le yang, particulièrement le yang mature ; ici,

« grimpez en haut des neuf collines » représente le yin recher-
chant le yang. « Vous l'obtiendrez dans sept jours. » Le nombre 7 symbolise le jeune yang ; il représente aussi $6 + 1$, qui
montre la prochaine étape de la phase de développement
prenant place après l'indication des 6 traits du présent hexagramme.

52. Les montagnes

Les montagnes se tiennent dos à dos. Si vous
ne vous reconnaissez pas, et si en vous promenant dans le jardin vous ne voyez pas les gens, il n'y
a pas de blâme.

JUGEMENT GLOBAL

Les montagnes représentent l'arrêt. Lorsqu'il est
opportun de vous calmer, arrêtez-vous ; lorsqu'il est
opportun d'agir, alors avancez. Quand l'action et la
tranquillité sont bien opportunes, la voie est illuminée.
Les montagnes impliquent la quiétude, en ce sens de
s'arrêter et de rester à l'endroit approprié. Lorsque les
supérieurs et les inférieurs sont opposés les uns aux
autres, ils n'ont rien à faire l'un avec l'autre. C'est
pourquoi il n'y a pas de blâme quand vous ne vous
reconnaissez pas et si en vous promenant dans le jardin
vous ne voyez pas les gens.

IMAGE

Comme les montagnes sont immobiles, les personnes cultivées réfléchissent sans changer d'endroit.

COMPOSANTS

1. *yin*. Immobilisez vos pieds, et il n'y aura pas de problème. Il est bénéfique d'être à jamais ferme et authentique. *Image*. Immobiliser ses pieds signifie s'arrêter avant de commettre un faux pas.

2. *yin*. Si l'immobilisation de vos mollets ne les empêche pas de continuer, le cœur est malheureux. *Image*. Ne pas les empêcher de continuer signifie ne pas s'être retiré avec docilité.

3. *yang*. S'arrêter à la limite brise la continuité ; le danger domine le cœur. *Image*. Parce que vous vous arrêtez juste à la limite, le danger influence votre cœur.

4. *yin*. Immobilisez le corps, et il n'y aura pas de faute. *Image*. Immobiliser son corps signifie mettre un terme à certaines choses dans sa propre personne.

5. *yin*. Calmez vos mâchoires, mettez de l'ordre dans vos paroles, et le regret disparaît. *Image*. Stabiliser ses mâchoires avec équilibre et précision.

6. *yang*. L'arrêt prudent est auspicieux. *Image*. La bonne fortune consistant à s'arrêter prudemment, c'est d'aller jusqu'au bout avec un soin attentif.

53. Le progrès graduel

Le progrès graduel est auspicieux pour le mariage de la femme ; il est utile d'être chaste.

JUGEMENT GLOBAL

Le progrès graduel est de bon augure pour le mariage de la femme. Lorsque le progrès est effectué de manière adéquate, la procédure rencontre le succès. En progressant de la bonne manière, il est possible de redresser le pays. L'étape adéquate s'effectue lorsque la force est en équilibre. L'action calme et harmonieuse ne débouche pas sur une impasse.

IMAGE

Les arbres poussent graduellement sur la montagne, croissant graduellement. Les personnes cultivées se bonifient en vivant avec sagesse et vertu.

COMPOSANTS

1. *yin*. Comme les oies sauvages tracent progressivement leur chemin sur le rivage, si les petits luttent, on donne un conseil, pas un blâme. *Image*. Il est juste que la lutte des petits ne soit pas blâmée.

2. *yin*. Il est auspicieux que les oies sauvages tracent progressivement leur chemin sur la roche et mangent

et boivent avec bonheur. *Image*. Manger et boire avec bonheur ce n'est pas vous gaver inutilement.

3. *yang*. Les oies sauvages tracent progressivement leur chemin sur les hautes terres, il est inauspicieux que le mari parte en expédition et ne reviennent pas, et que la femme conçoive mais n'élève pas. Il est utile de se détourner délibérément de l'hostilité. *Image*. L'époux partant en expédition et ne revenant pas représente la disgrâce de quitter le groupe. La femme concevant mais n'élevant pas représente la déviation de la bonne voie. Il est utile de se détourner délibérément de l'hostilité signifie avancer dans la sécurité partagée.

4. *yin*. Quand les oies sauvages montent progressivement dans l'arbre, si elles trouvent un perchoir elles n'auront pas de problème. *Image*. Le fait de trouver un perchoir signifie qu'elles rentrent dans la conformité.

5. *yang*. Tout comme les oies sauvages continuent progressivement de gravir la colline, une épouse ne conçoit pas pendant trois ans ; en fin de compte, personne ne peut la dominer. C'est auspicieux. *Image*. Ce qui est auspicieux au sujet de l'invincibilité finale, c'est l'accomplissement de ses souhaits.

6. *yang*. Quand les oies sauvages avancent progressivement sur les hautes terres, leurs plumes peuvent être

utilisées pour les cérémonies; c'est auspicieux. *Image*.
Il est auspicieux que les plumes puissent être utilisées
pour les cérémonies, cela signifie que l'on n'est pas
sujet à la confusion.

54. Une jeune femme se marie

Pour la jeune femme allant se marier, l'expédition tourne mal, rien n'est gagné.

JUGEMENT GLOBAL

Le mariage est une affaire importante pour le ciel et
la terre. Si le ciel et la terre ne communient pas, rien ne
se développe. Le mariage est une fin et un commencement pour les gens. Si elle agit sous l'impulsion du
désir, celle qui se marie est une fille immature. Une
expédition tourne mal parce qu'elle n'est pas à l'emplacement correct; rien n'est gagné, parce que le faible
chevauche le fort.

IMAGE

Le tonnerre est sur le lac, symbolisant la jeune
femme allant se marier. Les personnes cultivées
connaissent ce qui ne convient pas en pensant aux
résultats durables.

1. *yang*. Quand une jeune femme va se marier devenant ainsi une jeune épouse, le boiteux peut marcher, et il est de bon augure d'avancer. *Image*. Lorsqu'une jeune femme se marie et devient une jeune épouse, cela signifie qu'elle a de la constance ; la bonne fortune du boiteux en train de marcher indique l'assistance mutuelle.

2. *yang*. Quand on est seulement capable de voir trouble, il est bénéfique d'être ferme et authentique comme un reclus. *Image*. Il est bénéfique d'être ferme et authentique comme un reclus, indique une constance inébranlable.

3. *yin*. Une jeune femme va se marier avec certaines attentes, plutôt que de se marier comme une jeune épouse. *Image*. Pour une jeune femme, se marier avec de telles attentes cela signifie ne pas être dans une position adéquate.

4. *yang*. Quand une jeune femme allant se marier repousse la date, elle retarde le mariage jusqu'au moment opportun. *Image*. La raison de repousser la date est d'agir seulement sous certaines conditions.

5. *yin*. Quand l'empereur marie sa plus jeune sœur, la parure de la princesse n'est pas aussi belle que celles des dames d'atour. La lune est presque pleine, la perspective est bonne. *Image*. Quand l'empereur marie sa

plus jeune sœur, elle n'est pas vêtue aussi joliment que les dames d'atour ; cela signifie être mis à l'épreuve et se tenir avec noblesse.

6. *yin*. Lorsque la femme reçoit un coffret sans contenu, et que l'homme sacrifie une chèvre mais qu'il n'y a pas de sang, rien est gagné. *Image*. La faiblesse au sommet est sans substance propre, c'est comme se trouver en possession d'un coffret vide.

55. L'abondance

L'abondance est le succès ; les rois l'augmentent. Ne vous inquiétez pas ; il est bon que le soleil soit au zénith.

JUGEMENT GLOBAL

L'abondance signifie l'ampleur. La compréhension appliquée dans l'action provoque l'abondance. Les rois l'augmentent signifie qu'ils valorisent la plénitude. Ne vous inquiétez pas, car il est bénéfique que le soleil soit au zénith : cela signifie qu'il est bon d'éclairer le monde entier. Quand le soleil atteint le zénith, alors il commence à décliner ; quand la lune est pleine, alors elle commence à décroître. De même le ciel et la terre s'emplissent et se vident, croissent et déclinent avec les saisons ; et plus encore avec les êtres humains, ou les fantômes et les esprits !

IMAGE

Le tonnerre et les éclairs surgissent, représentant l'abondance. Les personnes cultivées émettent des jugements et énoncent des sentences.

COMPOSANTS

1. *yang*. Rencontrant le partenaire principal, même s'il est semblable à nous, il n'y a pas de blâme. Il sera salutaire de continuer. *Image*. Il n'y a pas de blâme même s'il est notre égal signifie qu'il serait désastreux de ne considérer que l'égalité.

2. *yin*. Quand l'abondance est une ombre, vous voyez l'étoile polaire en plein jour. Continuer ne vous apportera que suspicion et dédain. C'est auspicieux si vous êtes authentique sur le chemin manifeste. *Image*. Être authentique sur le chemin manifeste signifie exprimer vos objectifs et vos explications franchement.

3. *yang*. Quand l'abondance est une forte pluie, vous voyez des gouttelettes sous le soleil. Vous vous cassez le bras droit, il n'y a pas de blâme. *Image*. S'il y a une pluie abondante cela signifie qu'il n'est pas possible d'effectuer un travail important. Se casser le bras droit signifie devenir inapte.

4. *yang*. Quand l'abondance est une ombre, vous voyez l'étoile polaire en plein jour. C'est auspicieux si vous rencontrez le maître caché. *Image*. L'abondance est une ombre quand sa position n'est pas appropriée. Voir l'étoile polaire en plein jour se réfère à l'obscurité, au manque de clarté. Rencontrer le maître caché est une entreprise auspicieuse.

5. *yin*. Il est auspicieux que l'excellence occasionne célébrations et prières. *Image*. Pour le faible dans cette position il est fortuné d'avoir quelque chose à célébrer.

6. *yin*. Quand vous construisez d'énormes pièces et clôturez votre maison, jetant un coup d'œil furtif vers la porte, tout est silencieux, personne n'est ici; invisible pendant trois ans. *Image*. Les pièces énormes signifie que l'on se hausse aux confins du ciel avec fierté. Jetant un coup d'œil furtif vers la porte, tout est silencieux, personne n'est ici, signifie rester sur son quant-à-soi.

55. L'ABONDANCE

2. *yin* : Quand «vous voyez l'étoile polaire en plein jour» cela signifie que règne l'obscurité alors que la lumière devrait luire.

3. *yang* : Quand «vous voyez des gouttelettes sous le soleil» cela signifie qu'il y a diffusion de lumière.

56. Le voyage

Le voyage est un succès s'il est insignifiant ; quand on voyage il est de bon augure d'être ferme.

Le voyage a du succès s'il est insignifiant. La flexibilité est équilibrée extérieurement et elle s'accorde avec la force ferme, restant calme et ouverte à la compréhension. C'est pourquoi il a du succès s'il est insignifiant, et il est de bon augure d'être résolu en voyageant. La signification du moment opportun pour voyager est très importante !

IMAGE

Le feu au sommet de la montagne symbolise le voyage. Les personnes cultivées appliquent le châtiment prudemment et avec compréhension, et ne gardent pas les gens en prison.

COMPOSANTS

1. *yin*. En voyageant, l'épuisement est le trouble commun. *Image*. L'épuisement pendant le voyage est la calamité de la frustration.

2. *yin*. Arrivant dans une auberge en voyageant, gardez votre argent avec vous et vous gagnerez la

loyauté des serviteurs. *Image*. Gagner la loyauté des serviteurs signifie qu'ultimement, il n'y a pas de ressentiment.

3. *yang*. En voyageant, si vous brûlez l'auberge et perdez vos serviteurs, vous êtes en danger même si vous êtes résolu. *Image*. Si vous brûlez l'auberge en voyageant, vous aussi serez blessé de cette même manière. Si vous voyagez avec des subalternes sur le chemin, il est juste que vous les perdiez.

4. *yang*. S'attardant quelque part pendant le voyage, on peut obtenir des ressources et des outils, mais le cœur n'est pas heureux. *Image*. S'attarder quelque part pendant le voyage signifie que l'on n'a pas obtenu une position ; alors même si l'on obtient des ressources et des outils, notre cœur n'est pas véritablement heureux.

5. *yin*. On tire sur un faisan, une flèche est perdue. On rencontre finalement les honneurs. *Image*. Rencontrer finalement les honneurs signifie que l'on atteint des objectifs plus élevés.

6. *yang*. Un oiseau brûle son nid, le voyageur rit d'abord puis se met à pleurer. Perdre un bœuf trop facilement est infortuné. *Image*. Quand le voyage est à son zénith, il est juste de brûler le nid ; l'infortune de perdre un bœuf trop facilement n'est même pas perceptible.

Composants

3. *yang* : « Si vous brûlez l'auberge et perdez vos serviteurs »,
vous êtes alors indélicat et destructif envers le matériel et les
hommes.

5. *yin* : « On tire sur un faisan, une flèche est perdue. » Des
sacrifices peuvent être nécessaires pour atteindre un objectif.

57. La conformité

Se conformer : petit succès ; il est bénéfique
d'aller quelque part, et il est bénéfique de
voir de grands hommes.

JUGEMENT GLOBAL

La double conformité est utilisée pour répéter les
directives. La force se conforme à l'équilibre et à la
convenance, ainsi, ce qui est voulu est supporté dans
son action. Le faible accompagne le fort, c'est pourquoi le petit rencontre le succès, on tire un profit si
l'on a quelque part où aller, et on tire un profit en
rencontrant de grands hommes.

IMAGE

Suivre le vent représente la conformité. Les personnes cultivées répètent leurs directives pour que les choses soient faites.

1. *yin*. Lorsqu'on avance et recule, il est utile d'être aussi ferme qu'un soldat. *Image*. Avancer et reculer signifie que son objectif est indécis. Être aussi ferme qu'un soldat signifie que son objectif est déterminé.

2. *yang*. Quand la conformité est plus modeste que la normale, il est de bon augure d'utiliser beaucoup les intermédiaires, ainsi il n'y aura pas de blâme. *Image*. Il est de bon augure d'en utiliser beaucoup, c'est ainsi, ce faisant, vous atteindrez l'équilibre.

3. *yang*. La conformité répétitive est embarrassante. *Image*. L'embarras de la conformité répétitive est la frustration.

4. *yin*. Quand le regret disparaît, vous gagnez trois types de jeux durant une chasse. *Image*. Gagner trois sortes de jeux lors d'une chasse signifie que quelque chose est accompli avec succès.

5. *yang*. Il est de bon augure d'être ferme et authentique ; le regret s'évanouit, et tout autour, tout est bénéfique. Bien qu'il n'y ait pas de commencement, il y a une conclusion. Il est de bon augure d'être prudent avant un changement et de réfléchir après le changement. *Image*. Ce qui est de bon augure pour le

fort à cet emplacement c'est d'être correctement équilibré.

6. *yang*. Quand la conformité est plus modeste que la normale, vous perdez vos ressources et vos outils, donc c'est infortuné, même si vous êtes ferme. *Image*. Si la conformité est plus modeste que la normale, on est impuissant dans une position de gouvernant ; la perte de ses ressources et de ses outils est bien sûr une infortune.

 58. Le contentement
Pour que le contentement rencontre le succès, il serait nécessaire qu'il soit convenable.

JUGEMENT GLOBAL

Le contentement est synonyme de délectation. La force est équilibrée, souple à l'extérieur, le contentement avantage ainsi la droiture. C'est la façon de se mettre en accord avec la Nature et de répondre à l'humanité : quand le peuple est mené de manière plaisante, le peuple oublie son labeur ; quand les difficultés sont abordées de manière plaisante, le peuple n'est pas préoccupé par la mort. L'importance du contentement réside dans la façon dont le peuple est encouragé.

Des lacs réunis représentent le contentement. Les personnes cultivées s'associent pour s'instruire.

COMPOSANTS

1. *yang*. Le contentement de l'harmonie est de bon augure. *Image*. Ce qui est de bon augure au sujet du contentement de l'harmonie, c'est le fait que l'action n'est pas mise en doute.

2. *yang*. Le contentement de la sincérité est de bon augure ; le regret disparaît. *Image*. Ce qui est de bon augure dans le contentement de la sincérité, c'est l'intention confiante.

3. *yin*. Le contentement forcé est de mauvais augure. *Image*. Ce qui est de mauvais augure dans le contentement forcé, c'est que l'on n'est pas à sa place.

4. *yang*. Le contentement réfléchi est délicat, traitez-le avec dédain et vous pourrez vous réjouir. *Image*. La joie pour le fort dans cette position, c'est d'avoir quelque chose à célébrer.

5. *yang*. Il est dangereux de donner sa confiance aux usurpateurs. *Image*. Pour donner sa confiance aux usurpateurs, cette position est juste appropriée.

6. *yin*. L'attirance provoque le contentement. *Image*. Pour le faible dans cette position, être contenté par l'attirance n'est pas vraiment glorieux.

䷺ 59. La dispersion

La dispersion réussit, un roi dresse son autel. Cela vaut la peine de traverser de grandes rivières ; si c'est correct, c'est bénéfique.

JUGEMENT GLOBAL

La dispersion réussit : la force devient inépuisable, la flexibilité trouve sa position extérieurement, et il y a fusion ascendante. Le roi dressant son autel signifie que le souverain est maintenant en plein centre. Cela vaut la peine de traverser de grandes rivières, en ce sens que quelque chose est accompli en suivant le courant.

IMAGE

Le vent voyageant sur l'eau symbolise la dispersion. Les anciens rois dressaient des autels pour honorer Dieu.

COMPOSANTS

1. *yin*. Il est de bon augure que le cheval utilisé pour le sauvetage soit fort. *Image*. Pour le faible au commencement, la bonne fortune est une question de suivi.

2. *yang*. Pendant la dispersion, courez pour trouver un appui, et le regret s'évanouit. *Image*. Courir pour

trouver un appui pendant la dispersion signifie accomplir votre souhait.

3. *yin*. Dispersez-vous, et il n'y aura pas de regret. *Image*. Se disperser signifie que l'intention est placée ailleurs.

4. *yin*. Disperser un groupe est très auspicieux. Avec la dispersion il y a rassemblement, mais pas comme on l'entend habituellement. *Image*. Disperser un groupe est très auspicieux, suprêmement remarquable.

5. *yang*. Établir la grandeur interpelle tout le monde dans la communauté, il n'y a pas de blâme si le roi demeure malgré la dispersion. *Image*. Il n'y a pas de blâme si le roi demeure, parce que c'est la position adéquate.

6. *yang*. Disperse le sang, va-t'en au loin, et il n'y aura pas de problème. *Image*. Disperser le sang signifie se tenir éloigné du mal.

≡≡ 60. La législation

La législation réussit, mais il ne faudra pas persister à réglementer de façon laborieuse.

JUGEMENT GLOBAL

La législation réussit, parce que la fermeté et la

flexibilité sont bien proportionnées, et que la fermeté est centrée. Il ne faudra pas persister à réglementer de façon laborieuse, parce que cette voie mène à l'épuisement. Passez guilleret à travers le danger, accomplissez votre charge de manière réglementaire, et maîtrisez-la avec équilibre et droiture. Les quatre saisons s'instaurent par la régulation du ciel et de la terre. Quand les lois sont formulées de manière réglementaire, elles n'endommagent pas les biens ni ne blessent le peuple.

IMAGE

L'eau sur le lac symbolise la législation. Les personnes cultivées définissent les poids et mesures en prenant en considération le comportement vertueux.

COMPOSANTS

1. *yang*. Il n'y a pas de blâme si vous ne quittez pas la cour intérieure. *Image*. Ne pas quitter la cour intérieure signifie connaître ce qui réussit et ce qui échoue.

2. *yang*. Il est infortuné de ne pas quitter la cour extérieure. *Image*. Ce qui est infortuné dans le fait de ne pas quitter la cour extérieure c'est de totalement manquer des occasions opportunes.

3. *yin*. Si vous manquez de discipline, vous serez désolé, mais il n'y a personne à blâmer. *Image*. Si

vous êtes désolé parce que vous n'êtes pas réglé ou que vous n'êtes pas discipliné, qui d'autre blâmer ?

4. *yin*. La solide législation rencontre le succès. *Image*. La solide législation rencontre le succès dans la mesure où cela signifie élever le cours de l'action.

5. *yang*. La législation satisfaisante est de bon augure ; il est salutaire de continuer. *Image*. La législation satisfaisante est de bon augure dans la mesure où l'on est placé au milieu de la balance.

6. *yin*. Il est de mauvais augure de persister à réglementer de façon laborieuse, mais le regret s'évanouit. *Image*. Il est de mauvais augure de persister à réglementer de façon laborieuse, parce que cela mène à l'épuisement.

61. L'authenticité au milieu

L'authenticité au milieu est auspicieuse pour le simple d'esprit. Il est utile de traverser de grandes rivières. Il est utile d'être correct.

JUGEMENT GLOBAL

Avec l'authenticité au centre, la flexibilité est en soi, et la force résolue s'impose, équilibrée au centre. Joyeuse et harmonieuse, l'authenticité civilise ainsi le pays. Dire que c'est auspicieux pour le simple d'esprit signifie que cette sincérité touche même les simples d'esprit. Il est utile de traverser de grandes rivières car c'est comme naviguer sur un bateau qui suit tranquillement le courant. Faciliter la droiture grâce à l'authenticité au centre, c'est répondre au divin.

IMAGE

Il y a le vent au-dessus du lac, représentant l'authenticité au milieu. Les personnes cultivées émettent des jugements avertis et sont clémentes dans la sentence de mort.

COMPOSANTS

1. *yang.* La ferme concentration est de bon augure, s'il y a distraction, vous êtes déconcerté. *Image.* Pour le fort au commencement, la ferme concentration est de bon augure; cela signifie que votre volonté n'a pas vacillé.

2. *yang.* Une grue pousse un cri dans l'ombre; son petit la rejoint. Si j'ai un gobelet précieux, je trinquerai avec vous. *Image.* Le petit qui la rejoint montre le souhait au centre du cœur.

3. *yin.* Trouvez l'opposition, vous pouvez battre du tambour ou vous pouvez vous arrêter, vous pouvez pleurer ou vous pouvez chanter. *Image.* Vous pouvez

battre du tambour ou vous pouvez vous arrêter signifie que votre position n'est pas gérée correctement.

4. *yin*. Comme la lune est presque pleine, la perte des associés n'est pas blâmable. *Image*. La perte des associés signifie se séparer de ses pairs pour s'élever.

5. *yang*. Proclamer l'authenticité est sans blâme. *Image*. Proclamer l'authenticité signifie que votre position est correctement gérée.

6. *yang*. Lorsque le poulet essaie de voler haut dans les cieux, il est de mauvais augure de persister. *Image*. Si le poulet essaie de voler haut dans les cieux, comment cela pourrait-il durer?

☳ 62. La prédominance du petit

Lorsque le petit prédomine, il avance avec succès, c'est bénéfique si c'est correct. Cela convient aux petites affaires, mais non aux grandes affaires. Le cri lancé par l'oiseau en vol ne doit pas monter mais descendre; c'est très auspicieux.

Schützend, gönnerhaft

JUGEMENT GLOBAL.

La prédominance du petit signifie que le petit domine et avance avec succès. La prédominance qui est bénéfique au juste est l'action menée de concert avec le temps. La flexibilité est au milieu ; c'est pourquoi cela est auspicieux pour les petites affaires. La force n'est pas à la bonne position et elle est déséquilibrée, ainsi cela ne fonctionnera pas pour les grandes affaires. Ensuite, vient l'image de l'oiseau en plein vol, le son laissé par cet oiseau ne devrait pas s'élever mais descendre. Ce serait extrêmement auspicieux, parce que la montée irait contre le courant, tandis que descendre irait en ce sens du courant.

IMAGE

Il y a le tonnerre sur la montagne, symbolisant la prédominance du petit. Les personnes cultivées sont extraordinairement révérencieuses dans leur comportement, extraordinairement affligées dans le deuil, et extraordinairement frugales dans leurs besoins.

COMPOSANTS

1. *yin*. Un oiseau en vol est considéré comme inauspicieux. *Image*. Le mauvais présage représenté par un oiseau en vol indique quelque chose dont on ne pourra rien tirer.

2. *yin*. Dépassant la grand-mère vous rencontrez la mère, ou bien, lorsque vous ne pouvez atteindre le souverain mais rencontrez le ministre, il n'y a pas de blâme. *Image*. Quand vous ne pouvez pas attein-

dre le souverain, le ministre ne peut pas être négligé.

3. *yang.* Un pressentiment indique que vous pouvez être attaqués par des poursuivants si vous n'êtes pas suffisamment prévenus contre eux. *Image.* Les poursuivants peuvent vous attaquer; c'est infortuné, mais la question est de savoir ce que vous pouvez bien faire dans ce cas.

4. *yang.* La perfection est rencontrée si vous n'allez pas trop loin. Quand il est dangereux de continuer, il est impératif d'être prudent. Ne persistez jamais délibérément. *Image.* Si vous rencontrez quelque chose à condition de ne pas aller trop loin, cela signifie que vous n'êtes pas au bon emplacement. Quand il est dangereux de continuer, il est impératif d'être prudent; après tout on ne peut continuer sans fin.

5. *yin.* Des nuages denses ne déversant point de pluie, viennent de notre propre province occidentale. Un duc tire et attrape la proie dans son antre. *Image.* Les nuages denses, ne déversant point de pluie se sont déjà levés.

6. *yin.* Sans se réunir, étant allé trop loin, la mauvaise fortune de l'envol de l'oiseau; on nomme cela la difficulté. *Image.* Ne pas se réunir, aller trop loin signifie être allé trop haut.

Composants

2. *yin* :   la grand-mère   représente 1 yin
         la mère   représente 5 yin
         le souverain   représente 5 yin
         le ministre   représente 4 yang

Les qualités du deuxième trait doivent se combiner avec celles du cinquième, en raison de leur position, mais si le niveau du cinquième trait n'est pas atteint, 2 yin et 4 yang devraient se combiner par la vertu de leurs qualités complémentaires.

5. *yin* : Le « duc » symbolise le cinquième trait, lequel représente le gouvernement. « Attraper la proie dans son antre » signifie prendre soin des choses lorsqu'elles sont encore petites et subtiles.

63. Déjà accompli

Le succès de l'achevé est à son minimum. C'est bénéfique si c'est correct de manière cohérente. Ce qui commence en étant propice peut finir dans le désordre.

JUGEMENT GLOBAL

Le succès de ce qui est déjà accompli est un succès minimal. C'est bénéfique si c'est correct de manière cohérente, cela signifie être ferme et flexible de juste manière et dans les situations justes. Un début est auspicieux si la flexibilité est en équilibre ; si cela s'arrête en fin de compte, c'est le chaos, car la voie balisée prend fin.

IMAGE

L'eau est au-dessus du feu, symbolisant ce qui est déjà accompli. Les personnes cultivées réfléchissent aux difficultés de façon à les prévenir par leur prospective.

COMPOSANTS

1. *yang*. Traînez vos roues, mouillez votre queue, et vous n'aurez pas de problèmes. *Image*. Traînez vos roues, et il est logique que vous n'ayez pas de problèmes.

2. *yin*. Quand une femme perd sa coiffe, elle ne doit pas courir après ; elle la retrouvera dans sept jours. *Image*. La retrouver dans sept jours signifie adopter une trajectoire centrée et équilibrée.

3. *yang*. Lorsqu'un empereur attaque une région diabolique, il met trois ans à la conquérir. Les personnes médiocres ne doivent pas être employées. *Image*. Mettre trois ans pour conquérir implique de la fatigue.

4. *yin*. Avec du tissu pour colmater les fuites, soyez

en alerte toute la journée. *Image*. Être en alerte toute la journée signifie que quelque chose reste dans le doute.

5. *yang*. Le sacrifice du bœuf des voisins de l'est n'est pas aussi valable que la simple cérémonie des voisins de l'ouest pour recevoir les bénédictions de manière authentique. *Image*. Les voisins à l'est, en abattant le bœuf, ne peuvent être comparés au bien-fondé des voisins à l'ouest. Recevoir les bénédictions de manière authentique survient, la bonne richesse se présentant en abondance.

6. *yin*. Se mouiller la tête est dangereux. *Image*. Se mouiller la tête est dangereux ; combien de temps allez-vous durer ?

63. DÉJÀ ACCOMPLI

1. *yang* : « Traînez vos roues, mouillez votre queue. » Ralentissez et arrêtez-vous.

2. *yin* : La « femme perd sa coiffe » se rapporte au yang complémentaire du *yin* ; cela se réfère particulièrement à la complémentarité du cinquième trait yang.

6. *yin* : « Se mouiller la tête » signifie que l'on s'est trop immergé.

64. L'inachevé

L'inachevé que l'on montre est comme le petit renard ayant presque fini une traversée ; s'il mouille sa tête, aucun bénéfice n'en sera tiré.

JUGEMENT GLOBAL

Quand l'inachevé est montré, cela signifie que la flexibilité est équilibrée. Le petit renard ayant presque fini une traversée signifie que l'on n'a pas encore quitté l'équilibre centré. S'il mouille sa tête, aucun bénéfice n'en sera tiré ; cela signifie que l'on ne continue pas jusqu'au bout. C'est une situation dans laquelle fermeté et flexibilité se correspondent, bien qu'elles ne soient pas dans les bonnes positions.

IMAGE

Le feu est au-dessus de l'eau représentant l'inachevé. Les personnes cultivées utilisent la prudence pour distinguer les choses et restent à leur place.

COMPOSANTS

1. *yin*. Il est embarrassant de se mouiller la queue. *Image*. Se mouiller la queue signifie ne pas même connaître ses limites.

2. *yang*. Laisser traîner les roues, il est de bon augure d'être ferme et authentique. *Image*. Pour le fort dans

cette position, la fermeté véritable de bon augure signifie agir correctement avec l'équilibre centré.

3. *yin*. Il est de bon augure d'avancer avant de conclure, mais il sera profitable de traverser de grandes rivières. *Image*. Il est de bon augure d'avancer avant de conclure, parce que la situation n'est pas correcte.

4. *yang*. L'intégrité est de bon augure ; le regret disparaîtra. Plongez dans l'action pour attaquer une faction diabolique, et vous serez récompensé dans trois ans par un grand pays. *Image*. L'intégrité est de bon augure, car le regret disparaît ; cela s'effectue lorsqu'une intention est mise en application.

5. *yin*. L'intégrité est auspicieuse ; il n'y a pas de regret. Lorsque la vérité éclate dans la lumière des personnes cultivées, c'est auspicieux. *Image*. L'éclat de la lumière des personnes cultivées est auspicieuse.

6. *yang*. Il n'y a pas de blâme Lorsqu'on place sa foi dans le vin, mais si l'on noie sa tête dedans on ne peut justement plus avoir la foi. *Image*. Noyer sa tête en buvant le vin signifie être excessif.

Liste des hexagrammes
avec
leurs corrélations
originelles
et
leurs compléments
structurels

*Liste des hexagrammes avec leurs corrélations originelles
et leurs compléments structurels*

HEXAGRAMME	CORRÉLATION	COMPLÉMENT
1. Le Créateur	2. Le Réceptif	2. Le Réceptif
2. Le Réceptif	1. Le Créateur	1. Le Créateur
3. La Difficulté	20. Observer	50. Le Chaudron
4. L'Innocence	49. Surveiller	49. Le Changement
5. L'Attente	57. La Conformité	35. Avancer
6. La Discorde	58. Le Contentement	36. La Blessure de l'Illuminé
7. Une Armée	13. La Communion avec le Peuple	13. La Communion avec le Peuple
8. L'Accord	27. La Nutrition	14. La Grande Possession
9. Nourrir le Petit	32. La Persistance	16. Le Bonheur
10. Marcher	46. L'Élévation	15. L'Humilité
11. La Tranquillité	18. L'Interruption	12. L'Obstruction
12. L'Obstruction	17. Suivre	11. La Tranquillité
13. La Communion avec le Peuple	7. Une Armée	7. Une Armée

14. La Grande Possession
15. L'Humilité
16. Le Bonheur
17. Suivre
18. L'Interruption
19. Surveiller
20. Observer
21. Mordre à Travers
22. Se Parer
23. Se Déshabiller
24. Le Retour
25. La Fidélité
26. La Grande Construction
27. La Nutrition
28. La Prédominance du Grand
29. Les Pièges Constants
30. Le Feu
31. La Sensibilité

28. La Prédominance du Grand
25. La Fidélité
42. L'Augmentation
12. L'Obstruction
11. La Tranquillité
4. L'Innocence
3. La Difficulté
45. Le Rassemblement
39. L'Arrêt
24. Le Retour
23. Se Déshabiller
15. L'Humilité
48. Le Puits
8. L'Accord
14. La Grande Possession
41. La Diminution
31. La Sensibilité
30. Le Feu

8. L'Accord
10. Marcher
9. Nourrir le Petit
18. L'Interruption
17. Suivre
33. Le Retrait
34. Le Pouvoir de la Grandeur
48. Le Puits
42. L'Augmentation
43. Être Résolu
44. La Réunion
46. L'Élévation
45. Le Rassemblement
28. La Prédominance du Grand
27. La Nutrition
30. Le Feu
29. Les Pièges Constants
41. La Diminution

HEXAGRAMME	CORRÉLATION	COMPLÉMENT
32. La Persistance	9. Nourrir le Petit	42. L'Augmentation
33. Le Retrait	49. Le Changement	19. Surveiller
34. Le Pouvoir de la Grandeur	50. Le Chaudron	20. Observer
35. Avancer	51. Le Tonnerre	5. L'Attente
36. La Blessure de l'Illuminé	52. Les Montagnes	6. La Discorde
37. Les Personnes à la Maison	62. La Prédominance du Petit	40. La Solution
38. L'Opposition	47. L'Épuisement	39. L'Arrêt
39. L'Arrêt	22. Se Parer	38. L'Opposition
40. La Solution	61. L'Authenticité au Milieu	37. Les Personnes à la Maison
41. La Diminution	29. Les Pièges Constants	31. La Sensibilité
42. L'Augmentation	16. Le Bonheur	32. La Persistance
43. Être Résolu	44. La Réunion	23. Se Déshabiller
44. La Réunion	43. Être Résolu	24. Le Retour
45. Le Rassemblement	21. Mordre à Travers	26. La Grande Construction
46. L'Élévation	10. Marcher	25. La Fidélité
47. L'Épuisement	38. L'Opposition	22. Se Parer
48. Le Puits	26. La Grande Construction	21. Mordre à Travers

49. Le Changement
50. Le Chaudron
51. Le Tonnerre
52. Les Montagnes
53. Le Progrès Graduel
54. Une Jeune Femme se Marie
55. L'Abondance
56. Le Voyage
57. La Conformité
58. Le Contentement
59. La Dispersion
60. La Législation
61. L'Authenticité au Milieu
62. La Prédominance du Petit
63. Déjà Accompli
64. L'Inachevé

33. Le Retrait
34. Le Pouvoir de la Grandeur
35. Avancer
36. La Blessure de l'Illuminé
63. Déjà Accompli
64. L'Inachevé
56. Le Voyage
55. L'Abondance
5. L'Attente
6. La Discorde
60. La Législation
59. La Dispersion
40. La Solution
37. Les Personnes à la Maison
53. Le Progrès Graduel
54. Une Jeune Femme se Marie

4. L'Innocence
3. La Difficulté
57. La Conformité
58. Le Contentement
54. Une Jeune Femme se Marie
53. Le Progrès Graduel
59. La Dispersion
60. La Législation
51. Le Tonnerre
52. Les Montagnes
55. L'Abondance
56. Le Voyage
62. La Prédominance du Petit
61. L'Authenticité au Milieu
64. L'Inachevé
63. Déjà Accompli

Tableau
de
consultation

TRIGRAMMES			
HAUT ▶ **BAS ◀**	☰ Ciel	☱ Lac	☳ Tonnerre
☰ Ciel	1	43	34
☱ Lac	10	58	54
☳ Tonnerre	25	17	51
☲ Feu	13	49	55
☷ Terre	12	45	16
☶ Montagne	33	31	62
☵ Eau	6	47	40
☴ Vent	44	28	32

TRIGRAMMES				
Feu	Terre	Montagne	Eau	Vent
14	11	26	5	9
38	19	41	60	61
21	24	27	3	42
30	36	22	63	37
35	2	23	8	20
56	15	52	39	53
64	7	4	29	59
50	46	18	48	57

LES PETITS LIVRES DE LA SAGESSE

MÉDITATION
Sogyal Rinpoché

SAGESSE DES INDIENS D'AMÉRIQUE
Textes établis et présentés
par Joseph Bruchac

BALADES
Henry David Thoreau

PENSÉES
Swâmi Râmdâs,
préface de Jean Herbert

UN ANGE AUPRÈS DE MOI
Tobias Palmer

YI-KING
Version de Thomas Cleary

ZEN ET VEDANTA
Arnaud Desjardins

FEMMES MYSTIQUES
Époque médiévale
Anthologie établie et présentée
par Thierry Gosset

Achevé d'imprimer par la SAGIM à Courtry en avril 1995, sur une mise en pages de OPere CITato / Réjane Crouzet. Nº d'édition : 2814. Dépôt légal : mai 1995.